한국인이 가장 좋아하는
경전 구절

엮은이 이진영

동국대학교 선학과를 졸업하고 같은 대학 대학원에서 박사과정을 수료했다.
현재 동국대학교 역경원에 재직중이고, 동국대에서 강의하고 있다.
논문으로 〈한국의 경전 번역 실태 및 번역체계에 대한 고찰〉이 있다.

감수 무비 스님

전 조계종 교육원장. 현재 범어사에 주석하시면서 집필 활동을 하고 계시며
동시에 인터넷 카페 염화실에서 불자들의 마음 문을 열어주고 있다.

감수 원철 스님

조계종 교육원 불학연구소 소장. 경전 번역과 함께 불교적 정서를 담은 글들을 꾸준히 발표하며
독자들의 많은 사랑을 받고 있다.

감수 정목 스님

불교방송 FM 저녁 7시 '마음으로 듣는 음악'을 진행하며 인터넷 사이트 유나방송una.or.kr을 통해
전 세계 30개국 회원들에게 마음공부의 길을 소개하고 있다.

한국인이 가장 좋아하는 경전구절

ⓒ 이진영, 2011

2011년 6월 13일 초판 1쇄 발행
2025년 9월 30일 초판 7쇄 발행

엮은이 이진영 • 감수 무비 스님, 원철 스님, 정목 스님
발행인 박상근(至弘) • 편집인 류지호 • 편집이사 양동민
편집 김재호, 양민호, 김소영, 최호승, 정유리, 이란희, 이진우 • 디자인 이승욱
제작 김명환 • 마케팅 김대현, 김대우, 이선호, 류지수 • 관리 윤정안
콘텐츠국 유권준, 김희준
펴낸곳 불광출판사 (03169) 서울시 종로구 사직로10길 17 인왕빌딩 301호
　　　 대표전화 02) 420-3200 편집부 02) 420-3300 팩시밀리 02) 420-3400
　　　 출판등록 제300-2009-130호(1979. 10. 10.)

ISBN 978-89-7479-599-3 (03220)
값 16,000원

잘못된 책은 구입하신 서점에서 바꾸어 드립니다.
독자의 의견을 기다립니다. www.bulkwang.co.kr
불광출판사는 (주)불광미디어의 단행본 브랜드입니다.

한국인이
가장 좋아하는
경전 구절

이진영 엮음 | 무비·원철·정목 감수

불광출판사

책을 엮으며

　경전의 세계는 바다와 같이 넓고도 깊습니다. 부처님께서는 깨달음을 얻으신 후 45년이라는 긴 세월 동안 진리의 말씀을 펼치셨고, 중생의 근기에 맞추어 법을 설하셨기에 정리된 경전의 내용 또한 아주 많고 다양합니다.
　하지만 이러한 장점이 오히려 불교를 공부하는 사람들이나 경전을 처음 접하는 이들을 곤혹스럽게 합니다. 사람으로 태어나 다행히 불법을 만나고 경전의 바다에 뛰어들었어도 그 방대한 내용을 모두 섭렵하기란 여간 어려운 일이 아닙니다. 또한 경전은 어렵다고 생각하여, 지레 겁부터 먹고 가까이하지 않는 경우도 있습니다.

그러나 다양한 경전들을 접하다 보면 놀라움과 감탄을 금치 못할 때가 많습니다. 서양에서 전해 내려오는 우화로만 알았던 내용을 불교 경전에서 만날 수 있고, 현대의 이야기라고 해도 손색이 없을 만큼 시공을 뛰어넘는 이야기가 살아 꿈틀거리고 있으며, 가슴을 진하게 울리는 감동적인 내용들이 보석처럼 빛을 발하는 것을 볼 수 있기 때문입니다.

뿐만 아니라 경전 속에는 자신의 삶을 좀 더 풍요롭게 가꿀 수 있는 방법들이 가득하고, 힘들고 괴로울 때 그 어려움에서 벗어날 수 있는 해답 또한 제시해 놓았으며, 스스로 행복을 찾을 수 있도록 돕는 지혜가 곳곳에 있습니다.

이처럼 부처님의 지혜가 담긴 경전 가운데 많이 알려지고 현실 생활에 꼭 필요한 내용들을 가려 뽑고 주제별로 묶어, 불자들이 경전을 좀 더 친근하게 느끼도록 하고, 나아가 복잡하고 불안한 삶을 사는 현대인들에게 정신적인 밑천을 제공하고자 이 책을 펴내게 되었습니다.

이 책을 통해 많은 사람들이 경전에 담긴 보배를 찾는 데 조금이나마 힘을 덜 수 있기를 희망하며, 이 짧은 구절을 새기고 느껴 경 전체를 읽고 싶어지는 계기가 되었으면 합니다. 그리하여 생활 속에서 부처님의 말씀이 되살아난다면 더없는 기쁨이지 않을까 싶습니다.

  이 책을 감수해 주신 무비 스님, 원철 스님, 정목 스님께 깊이 감사드리고, 책을 만드는 데 애써 주신 이상근 기획편집부장님께도 감사의 마음을 전합니다.

2011년 6월
이진영

차례

책을 엮으며   005

1. 지혜가 있는 사람은 경계를 두려워하지 않는다

사랑의 고통   023

분노의 불씨가 모든 것을 태운다   024

성내는 마음에 머물지 말라   026

안온해지는 법   027

작은 것을 소홀히 하지 말라   028

재물을 구하는 자가 명심해야 할 여섯 가지   029

향싼 종이에서는 향내가 난다   030

악이 가면 반드시 화가 온다   032

참을 수 없음을 참는 것이 참다운 참음이다   033

시간을 헛되이 보내지 말라 034

현재에 충실하라 035

미래를 준비하라 036

게으르지 말라 037

허비할 시간이 없다 038

부지런히 노력하라 040

열심히 하면 이루어짐을 앞당길 수 있다 041

참는 것이 이기는 것이다 042

자기를 보호하는 법 043

어려움을 극복하는 열 가지 지침 044

무소의 뿔처럼 혼자서 가라 047

2. 향기로운 말 한마디가 천년의 보배

진실한 말 051

입 안의 도끼를 잘 다스려라 052

항상 부드럽게 말하라 054

욕하는 말은 자신에게 돌아온다 055

거짓말의 칼 056

어리석은 과잉 칭찬 057

라후라의 거짓말	058
칭찬의 힘	060
마음과 말이 부드러워야 한다	062

3. 지혜, 구름 걷혀 나타나는 달처럼

큰 지혜를 얻는 법	065
지혜로운 사람	066
자신을 다룰 때는 지혜를 써라	067
독화살부터 뽑아라	068
모든 일은 때가 있다	070
교만한 사람에 대한 부처님의 가르침	072
장님과 코끼리	074
떡 하나 때문에 입을 열지 않은 어리석은 부부	076
어리석음이 부른 불신	078
대낮에 횃불을 들고 다닌 교만한 사람	080
손가락을 달로 여기지 말라	083
지혜 있는 사람은 자기 몸을 다스린다	084
살인마 앙굴마라	086
자기를 이기는 것이 가장 현명하다	089

소가 물을 마시면 우유가 되고, 뱀이 물을 마시면 독이 된다	090
뗏목의 비유	091
헤아릴 수 없는 부모님의 은혜	092

4. 누구도 피해갈 수 없는 생로병사

피할 수 없는 일곱 가지	095
늙음은 금방 닥쳐온다	096
세상에서 가장 괴로운 것	098
비만을 다스리는 법	100
덧없는 부모 자식의 인연	102
죽음은 기다려 주지 않는다	105
남아 있는 시간	106
건강할 때 실천하라	110
젊어서 부지런해야 한다	111
죽지 않는 자는 없다	112
생사의 맛과 근심	114
사람의 목숨은 기약할 수 없다	116

5. 마음 마음 마음

믿음과 마음	119
마음이 세상을 이끈다	120
마음을 깨끗하게 하라	121
마음의 병	122
산란한 마음	123
마음이 산란한 이유	124
마음먹기 나름이다	125
모든 것은 마음에 있다	126
마음을 안정시켜라	127
마음을 다스리면 몸은 바르게 된다	128
내 마음이 곧 부처님의 법이다	129
마음을 병들지 않게 하라	130
마음은 모든 법의 근본이다	131
진정한 아름다움	132
마음과 입과 몸을 다스려라	133
마음으로 안과 밖을 관찰하라	134
마음의 본성	135
마음이 맑으면 불국토佛國土가 맑아진다	136

안을 관찰하여 다툼의 근본을 뽑아라 137

몸과 마음의 인욕 138

마음으로 전하다三處傳心 1. 염화미소拈花微笑 139

마음으로 전하다三處傳心 2. 다자탑전 분반좌多子塔前 分半座 140

마음으로 전하다三處傳心 3. 사라쌍수하 곽시쌍부沙羅雙樹下 槨示雙趺 142

6. 나와 세상을 바꾸는 나눔

칼날 끝의 달콤한 꿀 145

눈앞의 이익만을 생각한 우유 장수 146

스스로도 즐기고 남에게도 베풀라 147

자기에게도 인색하였던 구두쇠 148

보시할 때 손익을 생각하지 말라 150

작은 보시를 가벼이 여기지 말라 151

가난한 여인의 등불 152

시기적절한 베풂 154

보시하되 부귀와 쾌락을 바라지 말라 156

아끼고 미워하는 마음 없이 보시하라 157

자기 몸을 보시한 토끼 158

몸을 아끼지 않는 보시 160

보살행 163

앵무새가 장님 부모를 공양한 인연 164

가난해도 베풀 수 있다 166

7. 내 이웃이 나의 거울이다

남의 죄를 자주 드러내지 말라 169

남의 사과를 받아 주어라 170

남을 미워하지 말라 171

남의 마음을 아프게 하지 말라 172

진리에는 남녀 차별이 없다 173

좋은 친구는 가까이하고 나쁜 친구는 멀리하라 174

남편을 보면 아내를 안다 175

8. 배움에는 때가 없다 부지런히 정진하라

처음 발심한 보살이 곧 부처님이다 179

수면과 게으름 180

빨리 불법에 들어가라 181

때를 놓치지 말고 부지런히 힘써라 182

게으르면 미래도 헛되다 183

정진하되 완급조절을 잘하라 184
부처님의 정진 186
배움에는 때가 없다 187
아나율의 정진 188
힘써 배워라 190
노력을 중단하지 말라 191
좌절하거나 포기하지 말라 192
물러서는 마음을 내지 말라 193
게으름의 순간은 달콤하나 결과는 비참하다 194
게으름은 온갖 행위의 허물 195
물방울이 돌을 뚫는 것같이 정진하라 196
부지런히 일하라 197
정진의 열 가지 이익 198
게으르지 않아야 이룰 수 있다 199
힘들더라도 희망을 가져라 200

9. 의심 없는 수행의 길

초발심자는 의심을 내지 말라 203
신심이 제일가는 보물이다 204

신심은 도의 근본이요 공덕의 어머니다 205

자등명自燈明 법등명法燈明 206

졸음을 쫓는 법 207

좌선坐禪 208

수식관數息觀 209

감관을 다스리는 법 210

수식관을 닦는 법 212

경전을 독송하는 것은 부처님께 올리는 최고의 공양 213

경전을 소중히 여겨라 214

경전을 근거로 본말을 규명하라 215

자기 자신을 잘 길들여라 216

하나를 심으면 열이 생긴다 218

경전을 써서 얻는 이익 220

몸과 입과 뜻으로 착한 일을 닦아라 221

의심하지 말고 믿어라 222

자기부터 바로잡아라 223

많이 외우는 것은 중요하지 않다 224

스승 앞에서 자만심을 내지 마라 226

유비무환 227

10. 자비심이 충만한 리더가 되자

쉽게 화를 내고 경솔하지 말라 · 231

성냄의 가시를 제거해라 · 232

리더는 자애로운 마음을 지녀야 한다 · 234

자비심으로 대하라 · 236

자비로 분노를 다스려라 · 237

평등한 마음으로 베풀라 · 238

채찍을 함부로 들지 말라 · 239

현명한 리더는 다투지 않는다 · 240

어리석은 왕의 횡포 · 242

국왕이 부처님을 만나 출가한 인연 · 244

리더쉽 · 246

11. 모든 것은 인연 따라 일어난다

이것이 있기 때문에 저것이 있다 · 249

눈먼 거북이 구멍 뚫린 나무판자를 만나는 것처럼 · 250

갈대의 비유 · 252

과보는 되돌아온다 · 253

인과응보因果應報 · 254

선업善業	255
종자에 따라 그 과보 얻듯이	256
자신이 만드는 것	257
남을 깔보고 가르치지 않은 과보	258
잃어버리지 않는 복	260
편안하게 늙는 법	262
개미를 구제하고 수명이 길게 된 인연	263
아내 덕분에 지옥을 면한 남편	264
아귀가 된 장자 부인	266
흙 한 줌을 보시한 아이들의 공덕	268
모래탑을 세운 아이들의 공덕	270
지은 대로 드러난다	271

12. 대승경전 속의 찬탄과 비유

관세음보살의 위신력威神力	275
법화경의 일곱 가지 비유 1. 불타는 집火宅의 비유	276
법화경의 일곱 가지 비유 2. 가난한 아들窮子의 비유	278
법화경의 일곱 가지 비유 3. 구름과 비雲雨의 비유	282
법화경의 일곱 가지 비유 4. 변화로 만든 성化城의 비유	283

법화경의 일곱 가지 비유 5. 보배 구슬의 비유　　　285

법화경의 일곱 가지 비유 6. 머릿속 구슬頂珠의 비유　　　286

법화경의 일곱 가지 비유 7. 의사의 비유　　　288

금강경의 대표적 사구게四句偈　　　290

사구게만이라도 지닌다면　　　291

승만부인의 열 가지 서원　　　292

유마힐거사의 병　　　294

보현보살의 열 가지 큰 원력　　　296

일러두기

1. 이 책에 등장하는 경전 구절은 불교 삼장(경·율·논)을 가려 엮되
   경과 율을 중심으로 하였다.
2. 엮은이가 1차로 가장 빈번히 인용되거나 애독되는 경전 구절 300여 개를 가렸다.
3. 감수자가 이 중 다시 200여 개를 가렸다.
4. 이렇게 가려진 경전 구절은 고려대장경과 대조해 다시 번역 윤문하였다.
   번역은 고려대장경을 저본으로 하였으며 한글대장경과 경전 관련 문헌을 참고하였다.

1

지혜가 있는 사람은 경계를 두려워하지 않는다

사랑의 고통

—법집요송경 | 제1권

사랑이 있는 곳에 걱정 생기고
사랑이 있는 곳에 두려움 생기니
사랑하거나 좋아하지 않으면
무엇을 걱정하고 무엇을 두려워하랴.

사랑 때문에 걱정 생기고
사랑 때문에 두려움 생긴다.
사랑하는 생각을 멀리 없애면
어지럽지 않으리.

사랑하는 사람을 만들지 말고
미워하는 사람도 만들지 말라.
사랑하는 사람 만나지 못하면 괴롭고
사랑을 못 받으면 근심하니
그 속에서 근심과 슬픔이 생겨
착한 근본을 소멸시킨다. ✤

분노의 불씨가 모든 것을 태운다

―잡보장경 | 제10권

한 여종이 있었는데, 항상 주인을 위하여 보리와 콩을 관리하였다. 그때 그 집에 있는 양이 몰래 보리와 콩을 먹어 한 말 정도 축내었다. 그래서 그 여종은 주인에게 꾸중을 들었다. 그 일로 그녀는 양을 미워하여 항상 막대기로 양을 때렸고, 양도 화를 내며 그녀를 들이받곤 하였다.

어느 날 여종은 손에 촛불을 들고 있었다. 양은 그녀의 손에 막대기가 없는 것을 보고, 곧 쫓아와 그녀를 들이받았다. 그녀는 화들짝 놀라 촛불을 양 잔등에 던졌다. 양은 뜨거움을 못 견뎌 사방으로 뛰어다녔다. 마침내 그 불은 마을을 태우고 산과 들에까지 번져갔다.

그때 그 산에는 5백 마리 원숭이가 있었는데, 그 불길을 피할 수가 없어 한꺼번에 타죽고 말았다. 여러 천신들은 그것을 보고 게송으로 말하였다.

성내어 서로 싸우는
사이에는 머물지 말라.
양과 여종이 싸우는 바람에
마을 사람들과 원숭이가 모두 죽었다. ❖

성내는 마음에 머물지 말라

—잡아함경 | 제40권

남을 해칠 마음 없으면
분노가 얽매지 못하니
원한을 오래 품지 말고
성내는 마음에도 머물지 말라.
비록 화가 치밀더라도 욕하지 말라.

남의 흠을 애써 찾아서
약점이나 단점을 들추어내지 말고
언제나 스스로를 단속하라.
정의로 자기 마음속을 살펴라.

안온해지는 법

―대지도론 | 제14권

성내는 마음을 없애면 안온하고
성내는 마음을 없애면 후회가 없다.
성냄은 독의 근본이어서
모든 선근善根을 없애 버린다.
성냄을 없애면 부처님들께서 칭찬하시고
성냄을 없애면 근심이 없어진다. ✥

선근善根 **좋은 과보를 가져오는 착한 행위.**

작은 것을 소홀히 하지 말라

—잡아함경 | 제11권

재물을 쌓되 적은 데서 시작하라.
마치 여러 꽃에서 꿀을 모으는 벌처럼.
재물은 날마다 점점 불어나
줄거나 없어지지 않으리라.

음식에 만족할 줄 알고
일을 하되 게으르지 말며
미리 모으고 쌓아
그것으로 궁핍할 때를 준비하라. ✦

재물을 구하는 자가 명심해야 할 여섯 가지

―중아함경 | 제33권

첫째, 갖가지 도박으로 재물을 구하지 말라.
둘째, 부적절한 시기에 재물을 구하지 말라.
셋째, 술을 마시고 방탕하게 재물을 구하지 말라.
넷째, 나쁜 벗을 가까이하여 재물을 구하지 말라.
다섯째, 음주가무를 좋아하면서 재물을 구하지 말라.
여섯째, 게으르면서 재물을 구하지 말라. ✦

향싼 종이에서는 향내가 난다

―법구비유경 | 제1권

땅에 종이가 떨어져 있었다. 부처님께서 제자들에게 말씀하셨다.

"그것을 집어라."

제자들은 분부대로 그것을 집었다. 부처님께서 물으셨다.

"그것은 무엇에 쓰였던 종이인가?"

"이것은 향을 쌌던 종이입니다. 지금은 비록 버려져 있지만 향내는 여전합니다."

부처님께서 다시 걸어가시는데 끊어진 새끼줄 토막이 땅에 떨어져 있었다.

부처님께서 다시 물으셨다.

"그것은 무엇에 쓰였던 새끼줄인가?"

"이 새끼줄에서 비린내가 나는 것으로 보아 생선을 묶었던 새끼줄인 것 같습니다."

부처님께서 말씀하셨다.

"어떤 물건이든 본래는 깨끗하지만, 모두 인연을 따라 죄와 복을 일으키는 것이다. 현명한 이를 가까이하면 도(道)의 뜻이 높아지고, 어리석은 이를 가까이하면 재앙이 온다. 그것은 마치 향을 쌌던 종이에서는 향내가 나고, 생선을 묶었던 새끼줄에서는 비린내가 나는 것과 같아서 차츰 물들어 친해지면서도 사람들은 그것을 깨닫지 못한다."

악이 가면 반드시 화가 온다

—법구경 | 상권

악*이 가면 반드시 화가 오니
칼과 몽둥이 제 몸에 돌아올 것이다.
선량한 사람에게 채찍을 가하고
죄 없는 사람을 거짓으로 모함하면
그 재앙 열 배로 불어나
끝내 그 재앙 용서받지 못할 것이다. ✤

참을 수 없음을 참는 것이 참다운 참음이다

—잡보장경 | 제3권

참을 수 없음을 참는 것이 참다운 참음이요
참을 수 있음을 참는 것은 보통 참음이니
약한 이에 대해서도 참고
부귀하고 강하여도 겸손하고 참아라.

지혜로운 사람은 슬기의 눈으로써
나쁜 욕설과 큰 비방을 참나니
마치 큰 돌에 비가 내릴 때
돌은 부서지거나 깨지지 않는 것과 같다.
지혜로운 사람은 좋은 말이나 나쁜 말,
괴로운 일이나 즐거운 일을 돌처럼 참는다.

시간을 헛되이 보내지 말라

—출요경 | 제2권

오늘도 이미 지나
그에 따라 목숨이 줄어든다.
마치 옹달샘의 물고기와 같으니
거기에 무슨 즐거움이 있겠는가.
낮과 밤을 헛되이 보내지 말라.
세월의 빠르기는 번개와 같으니
사람의 목숨 빠르기도 그러하다.

현재에 충실하라

—본생경 | 제22권

지나간 일을 슬퍼하지 말며
미래에 대해 바라지 말라.
다만 현재에 충실해야
아름다움 빛나네.

미래의 일에 바라고
과거의 일을 슬퍼하기 때문에
저 어리석은 사랑 바싹 마른다.
마치 꺾인 푸른 갈대처럼. ✣

미래를 준비하라

—본생경 | 제12권

미래에 해야 할 일을 준비하라.
미리 준비하는 사람은
할 일을 해야 할 때에 당황하지 않는다. ✤

게으르지 말라

—정법염처경 | 제43권

게으르면 복덕이 적고
어리석음은 마음을 부수며
친한 사람들도 야박해지고
훌륭한 도를 얻지 못한다.

게으름과 나쁜 업과
어리석음에 덮여
열반의 길을 방해하므로
나쁜 과보 받는다.

게으름에 빠져
일할 생각을 하지 않으면
송장과 같아
얻은 목숨 헛되어 결과가 없다. ♣

허비할 시간이 없다

—별역잡아함경 | 제2권

부처님께서 말씀하셨다.

"사람의 목숨은 짧고 반드시 죽게 되니, 부지런히 수행해야 한다. 그러므로 게으르지 말고 반드시 착한 행을 닦아야 한다."

그때 마왕이 이 말을 듣고 생각하였다.

"지금 부처님이 법의 요체를 연설하니, 나는 그곳으로 가서 혼란을 일으켜야겠다."

그러고 나서 소년으로 변화하여 게송으로 말하였다.

사람의 수명은 길어서
온갖 어지러운 번뇌만 없다면
항상 편안하여
죽음의 길은 없으리라.

부처님께서는 '마왕이 와서 방해하는 짓이로구나'라고 생각하고는 즉시 게송으로 말씀하셨다.

사람의 목숨은 아주 짧고
온갖 괴로움과 해침이 많으니
빨리 착한 일 행하기를
머리에 타는 불 끄듯이 해야 하네.
욕망과 번뇌가 오는 것이 마왕임을 알아야 하네.

마왕은 부처님께서 설하신 게송을 듣고 '부처님은 나의 생각을 알고 있구나'라고 생각하고는 괴로워하며 깊이 후회하면서 돌아갔다. ❖

부지런히 노력하라

—법구경 | 상권

비록 백 년을 산다 해도
삿되고 거짓되며 지혜 없으면
단 하루를 살아도 한마음으로
바른 지혜 배우는 것만 못하리라.

비록 백 년을 산다 해도
게으르고 부지런히 정진하지 않으면
단 하루를 살아도 부지런히 노력하고
열심히 정진하는 것만 못하리라.

열심히 하면 이루어짐을 앞당길 수 있다

―잡비유경

 어떤 연주가가 갖가지 음악을 연주하고서, 부유한 장자에게 소를 빌리려 하였다. 그러나 그 장자는 빌려줄 마음이 없어 그에게 말하였다.
 "1년 동안 밤낮을 쉬지 않고 부지런히 음악을 연주하면 소를 주리라."
 그 연주가는 할 수 있다고 대답하고, 장자에게 말하였다.
 "당신도 내 연주를 들을 수 있겠습니까?"
 장자도 할 수 있다고 대답하였다.
 연주가는 그 말을 듣고 기뻐하며 사흘 낮 사흘 밤을 쉬지 않고 열심히 음악을 연주하였다. 장자는 며칠 동안 계속 음악을 듣자 싫증이 나고 괴로워서 소를 내주었다.
 수행하는 사람은 그 세월이 멀다고 생각하지 말고 이와 같이 더욱 열심히 노력하면 그 기간이 단축된다. ✣

참는 것이 이기는 것이다

―출요경 | 제16권

원한을 원한으로 갚지 말라.
그리하면 마침내 원한은 그치리라.
참으면 원한은 그치게 되니
이것이 부처님의 법이다.

나를 헐뜯는 말을 들은 뒤에 그것을 갚는다면
그 원한은 끝내 그치지 않을 것이다.
약하지만 참으면 강한 것이요,
그것이 이기는 것이다.

자기를 보호하는 법

—별역잡아함경 | 제3권

부처님께서 말씀하셨다.

"코끼리 부대, 기마 부대, 전차 부대, 보병 부대의 네 부대가 자신을 둘러싼다 하여도 자기를 보호한다고는 할 수 없다. 왜냐하면 안으로 보호한 것이 아니기 때문이다.

몸과 입과 뜻이 착하면 비록 네 부대가 없어도 자기를 보호한다고 할 수 있다. 왜냐하면 안으로 보호한 것이기 때문이다. 안으로 보호하는 것이 밖으로 보호하는 것보다 뛰어나기 때문에 자기를 보호하는 것이라 할 수 있다. ✢

어려움을 극복하는 열 가지 지침

—보왕삼매론

첫째, 몸에 병 없기를 바라지 말라. 몸에 병이 없으면 탐욕이 생기기 쉽나니, 그래서 성인이 말씀하시되 "병고로써 양약을 삼으라" 하셨느니라.

둘째, 세상살이에 곤란함이 없기를 바라지 말라. 세상살이에 곤란함이 없으면 업신여기는 마음과 사치한 마음이 생기나니, 그래서 성인이 말씀하시되 "근심과 곤란으로써 세상을 살아가라" 하셨느니라.

셋째, 공부하는 데 마음에 장애 없기를 바라지 말라. 마음에 장애가 없으면 배우는 것이 넘치게 되나니, 그래서 성인이 말씀하시되 "장애 속에서 해탈을 얻으라" 하셨느니라.

넷째, 수행하는 데 마(魔)가 없기를 바라지 말라. 수행하는 데 마가 없으면 서원이 굳건해지지 못하나니, 그래서 성인이 말씀하시되 "모든 마군으로써 수행을 도와주는 벗을 삼으라" 하셨느니라.

다섯째, 일을 꾀하되 쉽게 되기를 바라지 말라. 일이 쉽게 되면 뜻을 경솔한 데 두게 되나니, 그래서 성인이 말씀하시되 "여러 겁劫을 겪어서 일을 성취하라" 하셨느니라.

여섯째, 친구를 사귀되 내가 이롭기를 바라지 말라. 내가 이롭고자 하면 의리를 상하게 되나니, 그래서 성인이 말씀하시되 "순결로써 사귐을 길게 하라" 하셨느니라.

일곱째, 남이 내 뜻대로 순종해 주기를 바라지 말라. 남이 내 뜻대로 순종해 주면 마음이 스스로 교만해지나니, 그래서 성인이 말씀하시되 "내 뜻에 맞지 않는 사람들로서 원림園林을 삼으라" 하셨느니라.

여덟째, 공덕을 베풀려면 과보를 바라지 말라. 과보를 바라면 도모하는 뜻을 가지게 되나니, 그래서 성인이 말씀하시되 "덕 베푸는 것을 헌신처럼 버려라" 하셨느니라.

아홉째, 이익을 분에 넘치게 바라지 말라. 이익이 분에 넘치면 어리석은 마음이 생기나니, 그래서 성인이 말씀하시되 "적은 이익으로써 부자가 되라" 하셨느니라.

열째, 억울함을 당해서 밝히려고 하지 말라. 억울함을 밝히면 원망하는 마음을 돕게 되나니, 그래서 성인이 말씀하시되 "억울함을 당하는 것으로 수행하는 문을 삼으라" 하셨느니라.

무소의 뿔처럼 혼자서 가라

— 숫타니파타

소리에 놀라지 않는 사자와 같이
그물에 걸리지 않는 바람과 같이
흙탕물에 더럽히지 않는 연꽃과 같이
무소의 뿔처럼 혼자서 가라 ✤

2

향기로운 말 한마디가 천년의 보배

진실한 말

—경률이상 | 제25권

진실한 말은 첫째가는 계율이요
하늘을 오르는 사다리다.
진실한 말은 적은 것이라도 큰 것과 같지만
거짓말은 지옥으로 들어가게 한다. ✤

입 안의 도끼를 잘 다스려라

—미사색부화혜오분율 | 제25권

과거 세상 때 한적한 연못가에 기러기 두 마리가 한 마리 거북과 함께 사이좋게 지냈다. 어느 날 연못의 물이 바짝 마르자 두 기러기가 의논했다.

"연못물이 말랐으니, 거북이 큰 고통을 받고 있을 것이다."

그러고는 거북에게 말하였다.

"연못의 물이 바짝 말랐으니 너는 이곳에서 살기 힘들 것이다. 나뭇가지 하나를 입에 물어라. 그러면 우리들이 각각 나뭇가지 끝을 물고서 너를 물이 많은 곳으로 데려다 주겠다. 나무를 물면 결코 말을 해서는 안 된다."

그리하여 그것을 물고 마을 위를 지나가는데, 아이들이 이 광경을 보고 말하였다.

"기러기가 거북을 매달고 날아간다. 기러기가 거북을 매달고 날아간다."

그 말을 들은 거북이 화를 내며 말하였다.

"너희들이 무슨 참견이냐?"

이렇게 입을 여는 순간 물었던 나뭇가지를 놓아 땅에 떨어져 죽었다.

부처님께서는 이 이야기를 들려주신 뒤에 이렇게 말씀하셨다.

"사람은 태어날 때부터 입 안에 도끼가 있으니, 몸을 찍게 되는 것은 나쁜 말 때문이다. 나무라야 할 것을 오히려 칭찬하고 칭찬해야 할 것을 오히려 헐뜯으면, 스스로 그 재앙을 받으니 끝내 즐거움이 있을 수 없다."

항상 부드럽게 말하라

―수행도지경 | 제3권

항상 부드러운 말을 하고
사람을 칭찬하며
말과 행동이 서로 맞으면
몸과 마음을 해치지 않는다.

비유하면 꽃이 좋은 나무는
열매도 맛이 좋은 것과 같다.
부처님께서는 몸과 마음을
좋게 쓰라고 말씀하셨다. ✤

욕하는 말은 자신에게 돌아온다

—잡아함경 | 제42권

바라두바차婆羅豆婆遮라는 바라문婆羅門이 멀리서 부처님을 보고는 욕하고 비방하며 흙을 쥐어 부처님께 끼얹었다. 그때 역풍逆風이 불어 그 흙은 도리어 자신이 뒤집어쓰고 말았다.

부처님께서 게송을 설하셨다.

상대방에게 욕하고 비방하면
그 허물은 도리어 자신에게 돌아오니
마치 흙을 상대방에게 끼얹더라도
역풍에 도리어 자신이 뒤집어쓰는 것과 같네. ✤

바라문婆羅門 인도 고대의 네 계급 가운데 가장 높은 지위인 성직자 계급.

거짓말의 칼

—정법염처경 | 제50권

거짓말의 칼은 스스로의 혀를 베리니
어찌 혀가 떨어지지 않겠는가.
거짓말을 하면
진실의 공덕을 잃게 된다.
거짓말을 하는 사람의 입 안에는
독사가 있고
칼도 자리 잡고 있으며
불꽃도 타오른다. ❖

어리석은 과잉 칭찬

—백유경 | 제1권

어떤 사람이 여러 사람들 앞에서 자기 아버지의 덕을 칭찬하며 말하였다.

"나의 아버지는 인자하여 남을 해치지 않고, 도둑질하지 않으며, 보시도 많이 하셨다."

그때 어떤 어리석은 사람이 이 말을 듣고 말하였다.

"나의 아버지의 덕행이 당신 아버지보다 더 낫다. 나의 아버지는 어릴 때부터 음욕을 끊어 더러움에 물든 적이 없다."

사람들이 말하였다.

"만일 음욕을 끊었다면 어떻게 그대가 태어났는가?"

그는 사람들의 비웃음을 받았다.

이렇게 어리석은 사람은 다른 이의 덕을 칭찬하려다가 그 사실을 제대로 알지 못하여 도리어 비방을 받는다. ✢

라후라의 거짓말

—근본설일체유부필추니비나야 | 제11권

부처님께서 왕사성의 죽림원 ^{竹林園}에 계실 때, 라후라는 그 곁에 머무르고 있었다. 어느 날 사람들이 와서 라후라에게 물었다.

"부처님께서는 지금 어디에 계십니까?"

라후라는 부처님께서 죽림원 안에 계실 때는 취봉산에 계신다고 말해주고, 필발라굴에 계실 때는 서니가굴에 계신다고 거짓말을 하였다. 그러자 여러 사람들은 부처님께 예배드리고자 하여도 뵐 수가 없었다. 그리하여 몸이 피곤해지고 지친 그들은 라후라에게 말하였다.

"무슨 까닭에 저희들을 괴롭히십니까?"

"내가 일부러 괴롭게 했습니다."

그 후로 사람들은 라후라를 미워하게 되었다. 부처님께서 이 사실을 아시고는 라후라의 방으로 가셨다. 그리고 물로 손발을 씻으신 뒤에, 물을 조금 남겨 두고 라후라에게 말씀하셨다.

"이 물이 보이느냐?"

"보입니다."

"거짓말을 하고도 부끄러워할 줄 모르고 뉘우치지 않는다면, 이 물과 같이 법이 적어질 것이다."

그리고 나서 부처님께서는 그 물을 땅에 쏟으시고 라후라에게 말씀하셨다.

"너는 내가 이 더러운 물을 땅에 쏟는 것을 보았느냐?"

"보았습니다."

"일부러 거짓말을 하고도 부끄러워할 줄 모르고 뉘우치지 않는다면, 이 물과 같이 법이 모두 없어질 것이다.

칭찬의 힘

──사분율 | 제11권

 어떤 바라문이 소를 가지고 있었는데, 매우 아껴주고 잘 보살펴주었다. 그때 어떤 장자가 저잣거리에서 외치기를 "나의 힘센 소와 백 수레 끄는 내기를 하자. 천 냥의 금을 걸겠다" 하였다.
 바라문의 소는 그 소리를 듣고 생각하였다.
 '나의 주인이 밤낮으로 나를 먹여주고 쓰다듬고 아껴주었으니, 힘을 다해 저 천 냥의 금을 얻어서 주인의 은혜를 갚아야겠다' 하였다.
 어느 날 소는 바라문에게 말하였다.
 "저 장자에게 가서 '내 소는 짐을 가득 실은 백 대의 수레를 끄는 힘이 있으니, 천 냥의 금을 걸고 내기하자'고 하십시오."
 바라문이 장자에게 가서 말하자, 장자는 흔쾌히 응했다. 곧 바라문은 자기의 소를 끌고 나왔는데, 바라문이 여러 사람 앞에서 소에게 꾸짖는 말을 하였다.
 "이 몹쓸 놈아, 빨리 끌어라. 빨리 끌어라."

그러자 소는 꾸짖는 말을 듣고는 부끄럽고 힘이 빠져 한 발자국도 움직이지 못했다. 결국 장자의 소가 이겨 바라문은 천 냥의 금을 잃었다.

소가 바라문에게 말하였다.

"주인께서는 여러 사람 앞에서 나를 꾸짖어 부끄럽게 하였으므로 저는 힘을 내어 싸우지 못했습니다. 만일 나를 욕하지 않으신다면 다시 내기를 하겠습니다. 이번에는 2천 냥의 금을 거십시오. 대신에 주인께서는 여러 사람 앞에서 저를 꾸짖지 마시고, 내가 수레를 잘 끌고 잘 생기고 좋은 뿔을 가졌다고 칭찬해 주십시오."

바라문은 장자와 다시 내기했다. 내기가 시작되자, 바라문은 여러 사람 앞에서 소를 칭찬하였다.

"잘 끄는구나. 잘 생기고 좋은 뿔을 가진 소다."

소는 이 말을 듣고 힘이 솟아나서 결국 내기에 이겨, 바라문이 2천 냥의 금을 얻었다. ✻

마음과 말이 부드러워야 한다

―수행도지경 | 제2권

 어떤 것을 '입이 탐욕스럽고 마음이 성내는 것'이라고 하는가?

 입이 하는 말은 부드러워도 마음은 독을 품은 것을 말한다. 마치 독이 있는 나무가 그 꽃의 빛깔은 선명하지만 열매는 매우 쓴 것처럼, 말은 부드러워도 마음에 독을 품은 이도 이와 같다.

 어떤 것을 '입이 탐욕스럽고 마음이 어리석은 것'이라고 하는가?

 말은 부드럽고 온화하지만 마음은 어리석어 어두운 것이다. 마치 그림 속에 있는 병(甁)이 겉으로 보기에는 아름다워 보여도 속은 어둡고 텅 비어 있는 것처럼, 입이 탐욕스럽고 마음이 어리석은 것도 이와 같다. ✤

3

지혜, 구름 걷혀 나타나는 달처럼

큰 지혜를 얻는 법

—대보적경 | 제112권

부처님께서 대가섭에게 말씀하셨다.

"큰 지혜를 얻는 네 가지 법이 있다.

첫째는 언제나 법을 존중하고 법사를 공경하는 것이고,

둘째는 들었던 법 그대로를 깨끗한 마음으로 널리 사람들에게 말하면서 온갖 이익을 구하지 않는 것이며,

셋째는 많이 듣는 것으로부터 지혜가 생긴다는 것을 알고 게으르지 않는 것이고,

넷째는 경을 들으면 외우고 지니면서 그 내용대로 행하는 것이다."

지혜로운 사람

— 잡보장경 | 제3권

지혜로운 사람은 인색하거나 성내지 않고
어리석지 않으며
위험이 닥쳐와도 두려워하지 않고
자신의 이익을 위해 남을 모함하지 않으며
항상 중도中道에 있다.

지혜로운 사람은 벙어리처럼 침묵을 지키고
왕처럼 위엄 있게 가르치며
눈처럼 차고 불꽃처럼 뜨겁다.
수미산처럼 높고 크며
쓰러진 풀처럼 겸손하다.

중도中道 어느 쪽으로도 치우지지 않는 바른 길.

자신을 다룰 때는 지혜를 써라

―잡아함경 | 제38권

칼을 갈 때는 숫돌을 쓰고
화살을 바로잡을 때는 불에 구우며
재목을 다룰 때는 도끼를 쓰고
자신을 다룰 때는 지혜를 써야 한다.

어떤 사람이 게으르다가도
스스로 마음을 거두어 잡으면
구름 걷혀 나타나는 달과 같이
세간을 밝게 비추리라. ✤

독화살부터 뽑아라

—중아함경 | 제60권

 어떤 어리석은 사람이 '부처님께서 나에게 세상은 영원하다고 말씀해 주지 않으신다면, 나는 부처님을 따라서 범행을 배우지 않으리라'고 생각한다면, 그 사람은 그것을 알지 못한 채 도중에 목숨을 마치고 말 것이다.
 '세상은 영원하지 않은가? 세상은 끝이 있는가, 없는가? 목숨이 곧 몸인가, 목숨과 몸은 다른가? 여래는 죽음이 있는가, 없는가? 여래는 죽음이 있기도 하고 죽음이 없기도 한가?'라는 견해에 대해서도 마찬가지이다.
 비유하면 어떤 사람이 몸에 독화살을 맞은 것과 같다. 그가 독화살로 매우 심한 고통을 받을 때 친척들은 그를 가엾이 생각하고 곧 의사를 불렀다. 그러나 그 사람은 매우 고통스러운데도 이런 생각을 하였다.
 '아직 화살을 뽑아서는 안 된다. 나는 먼저 화살을 쏜 사람이 어떤 성, 어떤 이름, 어떤 신분이며, 키·피부결·얼굴빛이 어떤지, 어디에 사는지 알아봐야겠다.

또 그 활과 화살이 어떤 나무로 되었는지, 활의 색깔이 어떤지, 살촉이 어떤 모양인지 알아봐야겠다. 또 살촉을 만든 사람이 어떤 성, 어떤 이름, 어떤 신분이며, 어떻게 생겼으며, 어디에 사는지 알아봐야겠다.'

 그러다 보면 그 사람은 결국 그것을 알기도 전에 목숨을 마치고 말 것이다.

모든 일은 때가 있다

—백유경 | 제3권

재물이 많은 장자가 있었다. 사람들은 모두 그의 환심을 사려고 온갖 공경을 다하였다. 장자가 가래침을 뱉을 때에는 곁에서 모시는 사람들이 그것을 발로 밟아 문질러 버리곤 하였다. 어떤 어리석은 사람이 그것을 미처 밟지 못하자 이렇게 생각하였다.

'다른 사람들이 먼저 밟아 문질러 버리니, 그가 뱉으려 할 때에 내가 먼저 밟으리라.'

그때 장자가 막 가래침을 뱉으려 하였다. 어리석은 사람은 기회는 이때다 싶어 다리를 번쩍 들어 장자의 입을 밟았다. 그러자 장자의 입술이 터지고 이가 부러졌다.

장자는 화를 내며 어리석은 사람에게 말하였다.

"너는 왜 내 입을 발로 찼느냐?"

"장자의 침이 땅에 떨어지면 좌우의 아첨하는 사람들이 어느새 밟아 버리곤 합니다. 저는 아무리 밟으려 하여도 밟을 수 없었습니다. 그래서 침이 막 입에서 나올 때 다리를 들고 먼저 밟아 장자의 마음을 얻으려고 했던 것입니다."

어떤 일이든지 때가 있는 것이니, 때가 아직 이르기도 전에 억지로 애를 쓰면 도리어 괴로움을 당한다. 그러므로 적절한 시기인지, 적절한 시기가 아닌지를 알아야 한다. ✤

교만한 사람에 대한 부처님의 가르침

—법구비유경 | 제3권

　교만한 사람이 있었는데, 어릴 때부터 부모가 그를 위해 정성을 다하였고, 훌륭한 사람으로 만들기 위해 좋은 스승에게 데리고 갔지만 그는 공부를 하지 않았다. 부지런하지도 않았고, 또 방탕하기까지 하여 아무 거리낌 없이 집안 살림살이를 내다 팔아 마음껏 즐겼다. 또한 어리석은 짓을 행하였으니, 사람들이 모두 미워하고 천대하였다.

　그러나 그는 제 잘못은 알지 못하고 도리어 부모와 스승과 친구들을 원망했다.

　"선조들의 신령이 돕지 않아 내가 부랑자가 되어 이처럼 고생하는 것이다. 차라리 부처님을 섬겨 그 복을 얻어야겠다."

　그러고는 부처님 처소로 나아가 부처님께 말하였다.

　"제자 되기를 원하오니 허락하여 주십시오."

부처님께서 그 사람에게 말씀하셨다.

"도를 구하고자 하면 먼저 그 행실이 청정해야 하거늘, 너는 저 세속의 때를 가진 채 그대로 여기에 들어오려 하는구나. 부질없이 마음대로 왔다 갔다 한들 무슨 큰 이익이 있겠느냐? 차라리 집으로 돌아가 부모에게 효도하고, 스승의 가르침을 따라 익혀서, 부지런히 생업에 힘써라. 그리하여 근심이 없게 하고, 예의로 몸을 지켜 잘못을 저지르지 말며, 말과 행동을 조심하여 남에게 칭찬받고 흠모의 대상이 되도록 노력하라. 이렇게 실천해야 도를 닦을 수 있다."

그는 곧 자신의 교만과 어리석음을 깨닫고는 집으로 돌아갔다. ✦

장님과 코끼리

—장아함경 | 제19권

경면왕(鏡面王)이 태어날 때부터 앞을 못 보는 장님들을 한곳에 모아놓고 말하였다.

"그대들은 코끼리를 아는가?"

"알지 못합니다."

"그 모습이 어떤지 알고 싶은가?"

"알고 싶습니다."

왕은 명하여 코끼리를 끌고 오게 하고, 여러 장님들에게 손으로 만져 보게 했다. 그러고는 장님들에게 물었다.

"코끼리가 어떻게 생겼던가?"

코끼리의 코를 만진 자는 굽은 멍에 같다고 했고, 어금니를 만진 자는 절굿공이와 같다고 했으며, 귀를 만진 자는 키와 같다고 했고, 머리를 만진 자는 솥과 같다고 했으며, 등을 만진 자는 언덕과 같다고 했고, 배를 만진 자는 벽과 같다고 했으며, 넓적다리를 만진 자는 나무와 같다고 했고, 장딴지를 만진 자는 기둥과 같다고 했으며, 발자국을 만진 자는 절구와 같다고 했고, 꼬리를 만진 자는 밧줄과 같다고 했다.

그러고는 장님들이 "내 말이 옳고 네 말은 그르다"고 하면서 서로 다투자, 왕이 게송으로 말하였다.

모든 장님들 모여
이곳에서 서로 다투고 싸움하네.
코끼리의 몸은 하나인데
다른 모습 더듬어 보곤 시비를 내네. ✿

키 곡식의 알맹이를 골라내는 농기구의 일종.

떡 하나 때문에 입을 열지 않은 어리석은 부부

―백유경 | 제3권

어떤 부부가 떡 세 개를 나누어 먹었다. 각자 한 개씩 먹고 하나가 남자, 내기를 하였다.

"끝까지 말하지 않는 사람이 이 떡을 먹기로 하자."

떡 하나 때문에 그 부부는 종일 입을 열지 않았다. 밤이 되자 도둑이 그 집에 들어와서 재물을 훔치려고 하였다. 그러나 그 부부는 보고도 말하지 않고 가만히 있었다. 도둑은 그들이 말하지 않는 것을 보고, 곧 그 남편 앞에서 부인을 범하려 하였다. 그런데도 남편은 아무 말도 하지 않았다.

아내가 곧 "도둑이야!" 하고 외치면서 남편에게 말하였다.

"이 어리석은 인간아, 떡 하나 때문에 도둑을 보고도 소리치지 않는가?"

남편은 손뼉을 치며 웃으면서 말하였다.

"이제 이 떡은 내 것이다."

사람들도 이와 같아서 조그만 명예나 이익을 위하여 거짓으로 조용히 있다. 선법善法을 잃고도 세상을 벗어나는 도를 구하지 않는다. 다섯 가지 욕망에 빠져 놀면서 큰 괴로움을 당하더라도 걱정하지 않는 것이 마치 저 어리석은 사람과 같다. ✣

어리석음이 부른 불신

—잡비유경 | 상권

어떤 장자의 아들이 부인을 맞이하여 서로 사랑하고 존경하였다.

어느 날 남편이 부인에게 말하였다.

"부엌에서 포도주를 가지고 와서 같이 마십시다."

부인은 가서 술독을 열다가 자기 그림자가 술독 안에 있는 것을 보고는, 매우 화를 내면서 돌아와 남편에게 말하였다.

"당신은 다른 여인을 술독 안에 감추어 두고, 왜 또 나를 맞이하였습니까?"

남편이 직접 확인하려고 술독을 열자, 자기 그림자가 보였다. 그것을 보고는 부인에게 화를 내면서 남자를 감추어 두었다고 말하였다.

어떤 스님이 지나가다가 보고는, 그것이 모두 그림자인 것을 알고는 탄식하면서 말하였다.

"세상 사람들은 어리석고 미혹하여 공*을 실*이라고 생각하는구나. 내가 독 속의 사람을 내어 보이리라."

그러고는 큰 돌을 가져다 술독을 깨뜨렸다. 그러자 부부는 그것이 자기 그림자였던 것을 알고 제각기 부끄러워하였다.

 부처님께서 말씀하셨다.

 "그림자를 보고 싸우는 것은 삼계三界의 사람들이 오음五陰과 사대四大의 괴롭고 공한 몸임을 알지 못하고 삼독三毒으로 생사가 끊어지지 않는 데 비유한 것이다."

삼계三界 중생이 생生과 사死를 반복하는 세 가지 세계. 욕계欲界, 색계色界, 무색계無色界를 말한다.
오음五陰 존재를 구성하는 다섯 가지 요소. 물질色, 느낌受, 생각想, 작용行, 인식識을 말한다.
사대四大 모든 물질을 구성하는 네 가지 원소. 흙地, 물水, 불火, 바람風을 말한다.
삼독三毒 선한 마음을 해치는 세 가지, 즉 탐욕·분노·어리석음을 독毒에 비유한 것이다.

대낮에 횃불을 들고 다닌 교만한 사람

―법구비유경 | 제1권

 어떤 사람이 온갖 경전을 두루 통달하여, 모르는 것이 없었다. 그는 교만하게 굴며 그것을 자랑하고 뽐내면서 맞설 상대를 찾아다녔으나 감히 나서는 사람이 없었다. 어느 날 그가 대낮에 횃불을 들고 성안을 돌아다니자 어떤 사람이 물었다.
 "왜 대낮에 횃불을 들고 다닙니까?"
 "세상 사람들이 어리석고 어두워 눈만 가지고서는 아무것도 보지 못한다. 그래서 횃불을 들고 그들을 비춰주는 것이다."
 사람들은 그것을 듣고 어이가 없었으나 감히 대꾸하는 자가 없었다. 부처님께서는 곧 현자^{賢者}로 변화하여 그 사람에게 말하였다.
 "경전에 네 가지 밝은 법이 있는데 그대는 그것을 아는가?"

"잘 모르겠습니다. 네 가지 밝은 법은 무엇입니까?"

"첫째는 천문 지리에 밝은 것이고, 둘째는 하늘의 별에 밝아 오행을 분별하는 것이며, 셋째는 나라를 다스리는 일에 밝고 잘 교화하는 것이고, 넷째는 군사를 거느림에 밝은 것이다. 그대는 이 네 가지 밝은 법이 있는가?"

그 사람은 그것에 대해서 잘 몰라 부끄러워하며 들고 있던 횃불을 내리고 부처님께 합장하였다. 부처님께서는 그를 위해 게송으로 말씀하셨다.

조금 들어 아는 것 있다 하여
잘난 체하며 남에게 교만하게 굴면
마치 장님이 촛불을 잡은 것 같아
남은 비추어 주면서 자신은 밝히지 못한다.

부처님께서 다시 그 사람에게 말씀하셨다.

"대낮에 횃불을 들고 여기저기 돌아다니니, 너보다 어리석은 사람은 없다. 네가 아는 것이란 하나의 티끌과 같지 않은가?"

그는 이 말을 듣고 더욱 부끄러워하며 머리를 조아려 제자가 되기를 원하였다. 부처님께서는 그를 곧 제자로 받아들이셨다. ✢

손가락을 달로 여기지 말라

—수능엄경 | 제2권

부처님께서 아난에게 말씀하셨다.

"너희들은 인연하는 마음으로 법을 듣고 있으니, 이 법도 인연일 뿐, 법의 본성을 얻은 것이 아니다. 어떤 사람이 손으로 달을 가리킨다면, 다른 사람은 당연히 손가락을 따라 달을 보아야 하는데, 손가락을 보고 달 자체로 여긴다면, 그 사람은 달뿐만 아니라 손가락도 잃은 것이다. 왜냐하면 가리킨 손가락을 밝은 달로 여겼기 때문이다. 또한 밝음과 어둠도 모르는 것이다. 왜냐하면 손가락 자체를 달의 밝은 성질로 여겨서, 밝고 어두운 두 성질을 알지 못하기 때문이다."

지혜 있는 사람은 자기 몸을 다스린다

— 법구비유경 | 제1권

매우 똑똑한 사람이 있었는데, 타고난 천재로서 모르는 것이 없었고, 어려운 일도 척척 해결하였다. 그러나 교만하여 '이 세상에 감히 누가 나를 당하겠는가'라고 생각하였다.

부처님께서 기원정사에 계시면서 멀리서 이 사람을 보시고는 곧 수행자로 변화하여 그의 앞으로 가셨다. 그 사람은 수행자를 본 적이 없었기 때문에 수행자가 오자 물었다.

"그대는 무엇 하는 사람이길래 옷차림새가 보통 사람과 다릅니까?"

"나는 몸을 다스리는 사람이오."

"어떻게 하는 것을 몸을 다스린다고 합니까?"

수행자는 게송으로 말하였다.

활 만드는 사람은 뿔을 다루고
뱃사공은 배를 다루며
목수는 나무를 다루지만
지혜 있는 사람은 자기 몸을 다스린다.

수행자는 게송을 마치고 다시 부처님의 몸을 나타내고는 그 사람에게 말씀하셨다.
"나의 도덕과 변화는 몸을 잘 길들인 힘에서 비롯된 것이다."

살인마 앙굴마라

—앙굴마라경 | 제1권

사위성에 한 바라문이 있었는데, 그에게는 세간현世間現이라는 제자가 있었다. 세간현은 뛰어난 지혜를 지녔으며, 외모도 수려하게 잘 생긴 젊은이였다. 어느 날 바라문이 집을 비우고 외출을 하자, 바라문의 아내는 젊고 잘 생긴 세간현을 자기의 방으로 불러들여 유혹하였다. 그러나 세간현은 그 유혹에 넘어가지 않았다.

바라문의 아내는 창피를 당한 것이 분해서, 스스로 입고 있던 옷을 찢고 머리카락을 헝클어뜨리고 자리에 누웠다. 집으로 돌아온 바라문은 의아해 하며 아내에게 자초지종을 묻자, 아내가 말하였다.

"당신이 가장 아끼는 제자 세간현이 강제로 나를 욕보이려고 하였습니다."

아내의 말을 들은 바라문은 화가 머리끝까지 치밀었다. 그리하여 세간현을 파멸시킬 방법을 생각해내고는 세간현에게 말하였다.

"사람 천 명을 죽여야만 바라문이 될 수 있다. 사람을 죽일 때마다 손가락을 끊어 둥글게 엮어서 머리에 쓰고 돌아오너라."

이 말을 들은 세간현은 괴로웠지만, 스승의 가르침을 절대적으로 믿고는 상대를 가리지 않고 닥치는 대로 사람을 죽이고 손가락을 잘라 모았다. 사람들은 이 살인마를 '앙굴마라央掘魔羅'라고 불렀다.

드디어 살인마 앙굴마라는 999명을 죽였다. 이제 한 사람만 더 죽이면 천 명을 채울 수 있어 눈을 부릅뜨고 사람들을 찾아 헤맸다.

그때에 그의 어머니가 소문을 듣고 허겁지겁 자기 자식을 찾아왔다. 하지만 살인마는 눈이 뒤집힌 나머지 자기 어머니라도 죽여서 천 명을 채우려고 하였다. 그가 어머니를 죽이려고 하는 순간, 길 저편에 서 있는 부처님을 발견하고는 부처님을 향해 칼을 휘두르며 달려갔다.

이때 부처님께서는 조용히 앙굴마라에게 말씀하셨다.

"참으로 가엾구나. 너는 어찌하여 어머니까지 죽이려 하였느냐? 빨리 날카로운 칼을 버리고 깨끗한 계행에 머물러라. 나쁜 스승의 말을 따라 잘못된 법을 옳은 법이라고 여기지 말라. 좋은 약을 맛보고서 스스로 깨달아라."

부처님의 맑고 깊은 말씀을 듣는 순간, 앙굴마라는 자신을 되돌아보고 크게 참회하고는 부처님의 제자가 되었다. ✣

자기를 이기는 것이 가장 현명하다

— 법구경 | 상권

전쟁에 나가 수천의 적을 이기더라도
스스로 자기를 이기는 것만 못하다.
자기를 이기는 것이 가장 현명하니
사람 중의 영웅이라 한다.
마음을 단속하고 몸을 길들여
모든 것 털어 버리고 최후의 경지에 이른다.

소가 물을 마시면 우유가 되고,
뱀이 물을 마시면 독이 된다

―화엄경 40권본 | 제12권

소가 물을 마시면 우유가 되고
뱀이 물을 마시면 독이 되듯이
지혜롭게 배우면 깨달음 이루고
어리석게 배우면 계속 나고 죽는다. ✤

뗏목의 비유

—중아함경 | 제54권

부처님께서 제자들에게 말씀하셨다.

"어떤 사람이 풀과 나무를 모아 뗏목을 만들어서 물살이 빠르고 급한 강을 건너 안전하게 다른 언덕으로 갔다. 그러고서는 뗏목을 어깨에 메거나 머리에 이고 간다면, 과연 이롭겠느냐?"

"아닙니다."

"그러면 뗏목을 물에 두거나 혹은 언덕 가에 버리고 간다면 이롭겠느냐?"

"이로울 것입니다."

"이와 같이 나는 너희들을 위하여 긴 세월 동안 뗏목의 비유법으로 설명하여 그것을 버리게 하려 했다. 너희들이 뗏목의 비유에 대해 잘 안다면 이 법도 버려야 하거늘, 하물며 법이 아닌 것이겠느냐." ✢

헤아릴 수 없는 부모님의 은혜

―부모은중경

부처님께서 말씀하셨다.

"오른쪽 어깨에 어머니를 업고서 수미산을 수만 번 돌아 피부가 닳고 골수가 드러나더라도 부모님의 깊은 은혜를 다 갚을 수 없다.

또한 자기의 살을 도려내어 고통을 받으며 오랜 세월 동안 계속 공양하더라도 부모님의 깊은 은혜를 다 갚을 수 없다."

4

누구도 피해갈 수 없는 생로병사

피할 수 없는 일곱 가지

—법구비유경 | 제2권

모든 중생에게는 피할 수 없는 일곱 가지가 있다.
첫째는 태어남이고,
둘째는 늙음이며,
셋째는 병듦이고,
넷째는 죽음이며,
다섯째는 죄이고,
여섯째는 복이며,
일곱째는 인연이다.
이 일곱 가지 일은 아무리 피하려 해도 마음대로 되지 않는다.

늙음은 금방 닥쳐온다

—법구경 | 상권

어느새 늙음이 닥쳐와
좋던 모습 변하여 늙은이 됐네.
젊을 땐 뜻대로 되었지만
늙으니 오직 짓밟힐 뿐이네.

백 년 동안 오래 산다 해도
죽고 나면 또한 과거가 되네.
늙었다고 남들이 싫어하는데
병까지 걸리니

이 하루가 지나고 나면
목숨도 따라서 줄어든다네.
마치 적은 물속의 고기 같으니
거기에 무슨 즐거움 있겠는가.

늙으면 모습이 쇠잔해지고
병들면 몸은 저절로 무너져
온몸이 허물어지고 썩으니
목숨을 마치는 것이 그러하네. ✢

세상에서 가장 괴로운 것

—법구비유경 | 제3권

먼 옛날 다섯 가지 신통을 가진 스님이 있었다. 스님은 항상 산 속의 나무 밑에 앉아 고요히 도를 닦고 있었다. 그때 까마귀, 비둘기, 독사, 사슴 네 마리 동물이 항상 스님 곁에서 살고 있었다. 어느 날 밤 네 마리 동물은 서로 이야기했다.

"이 세상에서 무엇이 제일 괴로운가?"

까마귀가 말하였다.

"배고프고 목마른 것이 가장 괴롭다. 배고프고 목마를 때에는 몸을 지탱하기 어렵고 정신이 혼미해져서 그물에 몸을 던지기도 하고 작살이나 칼날도 보지 못한다."

비둘기가 말하였다.

"음욕이 가장 괴롭다. 음욕이 불꽃처럼 일어날 때에는 아무것도 생각할 수 없다. 몸을 위태롭게 하고 목숨을 잃는 것은 모두 그 때문이다."

독사가 말하였다.

"성내는 것이 가장 괴롭다. 독한 마음이 한 번 일어나면 남을 죽이기도 하고 또 스스로 죽기도 한다."

사슴이 말하였다.

"놀라움과 두려움이 가장 괴롭다. 숲속에서 놀면서도 항상 사냥꾼이나 늑대들에게 습격당할까 걱정하고 두려워한다. 어디서 작은 소리라도 들리면 곧 내닫다가 구덩이에 빠지기도 하고, 언덕에서 떨어지기도 하며, 어미와 새끼가 서로 헤어져 애를 태우며 슬퍼하기도 한다."

스님이 그 말을 듣고 동물들에게 말하였다.

"너희들이 논하는 것은 지엽적인 것이다. 몸보다 더한 괴로움이 없다. 이 몸은 괴로움을 담고 있는 그릇으로서 근심과 두려움이 한량없다. 그러므로 나는 속세를 버리고 도를 닦되, 이 몸을 탐하지 않고, 괴로움의 근원을 끊으려고 오직 열반에 뜻을 둔 것이다."

비만을 다스리는 법

— 법구비유경 | 제3권

바사닉왕波斯匿王은 교만하고 탐욕스러웠고 만족함을 몰랐다. 그래서 바사닉왕이 먹는 음식의 양도 날로 늘어났지만, 늘 허기로 괴로워하며 끊임없이 먹어댔다. 그러자 몸은 자꾸 살찌고 게을러져 가마를 타는 것조차 싫어하였고, 움직일 때는 호흡이 가빠 괴로웠다. 끝내는 몸을 뒤집을 수도 없는 지경이 되어 큰 근심거리가 되자, 그는 부처님께 나아가 말씀드렸다.

"오랫동안 뵙지 못하여 여쭈어 볼 길이 없었습니다. 자꾸 살이 찌는데 무엇 때문에 그런지 알지 못하여 늘 걱정하고 있습니다."

부처님께서 왕에게 말씀하셨다.

"살찌게 하는 다섯 가지 이유가 있으니, 첫째는 자주 먹는 것이고, 둘째는 잠자기를 좋아하는 것이며, 셋째는 잘났다고 뽐내면서 즐거워하는 것이고, 넷째는 근심이 없는 것이며, 다섯째는 일이 없는 것입니다. 만일 살찌지 않게 하고 싶으면 음식을 줄이고 이 다섯 가지를 명심하십시오."

부처님께서 다시 게송을 말씀하셨다.

　유념해야 하니
　적게 먹을 줄 알아야 한다.
　그로 인해 식탐의 고통 점점 적어지리니
　적게 먹고 소화시켜 목숨 보전하라. ✢

덧없는 부모 자식의 인연

—법구비유경 | 제3권

 어떤 사람이 60세에 뒤늦게 결혼하여 아들 하나를 얻었다. 그 아들은 용모가 단정했고 매우 총명하였다. 그런데 일곱 살이 되자 갑자기 중병에 걸려 하룻밤 사이에 목숨을 마쳤다. 그는 울부짖으며 아들의 시체 위에 기절했다가 다시 깨어나곤 하였다. 그러자 친척들은 그를 달래면서 억지로 시체를 빼앗아 관에 넣어 성 밖에 매장하였다.

 그는 생각하였다.

 '아무리 울어봤자 소용없으니, 차라리 염라대왕에게 가서 부탁드려야겠다.'

 그리하여 온갖 고생 끝에 염라대왕을 만나서 죽은 아들을 돌려달라고 청하였다. 염라대왕이 말하였다.

 "그대의 마음이 참으로 갸륵하오. 그대의 아들은 지금 동쪽 동산에서 놀고 있으니 직접 가서 데리고 가시오."

 그는 동산에서 자기 아들이 놀고 있는 것을 보고는 달려가 끌어안고 울면서 말하였다.

"나는 밤낮으로 네 생각에 음식도 먹지 못하고 잠도 자지 못했다. 너는 나의 고통을 생각하였느냐?"

그러자 아들은 깜짝 놀라서 외쳤다.

"미련한 이 노인은 아무 이치도 모르는구려. 잠깐 동안 몸을 빌린 나를 아들이라 부르는구려. 부질없는 소리 하지 말고 빨리 떠나시오. 지금 이 세간에 내 부모가 따로 있거늘, 황당하게 만나자마자 왜 껴안는 것이오?"

그는 크게 충격을 받고 슬피 울면서 부처님에게 찾아가 그 이치를 여쭈었다.

"그 아이는 내 아들임이 분명한데도 나를 알아보지도 못할 뿐더러 도리어 나를 어리석은 늙은이라 불렀습니다. 그리고 부자父子의 정이 전혀 없었습니다. 무엇 때문에 그렇습니까?"

부처님께서 말씀하셨다.

"사람이 죽으면 영혼은 떠나 곧 다른 곳에서 몸을 받는다. 부모와 처자의 인연으로 모여 사는 것은 마치 여관의 나그네가 아침에 일어나면 곧 떠나는 것과 같은 이치거늘, 어리석게도 얽매어 집착하고 있구나. 그것을 자기 소유라 생각하고, 근심하고 슬퍼하며 괴로워하면서도 근본을 알지 못하고 있구나. 지혜로운 사람은 정과 애욕에 탐착하지 않고 그 괴로움을 깨달아 부지런히 법과 계율을 닦아 온갖 생각을 없애버리고 생사를 끝낸다."

죽음은 기다려 주지 않는다

—정법염처경 | 제57권

목숨은 빨라 오래 머물지 않고
젊은 몸도 그와 같아서
죽음은 매우 빨리 오니
게으름을 즐기지 말라.

중생들의 모든 즐거움
모두 무상無常에 파괴당하고
목숨은 죽음으로 없어지니
게으름을 즐기지 말라

죽음은 목숨을 부수고
늙음은 쇠하게 하며
병은 편안함을 부수니
게으름을 즐기지 말라. ✤

남아 있는 시간

— 법구비유경 | 제2권

 80세 노인이 있었는데, 그는 재물이 매우 많았으나 탐욕스럽고 인색하였다. 그는 수많은 건물과 별채 등을 지었다. 뒤쪽의 별채를 짓는 공사를 아직 마치지 못했는데, 노인이 직접 온갖 일을 지휘하였다.

 그때 부처님께서는 그 노인이 공사가 끝나기 전에 죽게 될 것을 아셨다. 노인은 그런 줄도 모르고 한창 바쁘게 돌아다니느라 몸은 야위어만 갔다. 어느 날 부처님께서 그 집으로 가서 그를 위로하셨다.

 "얼마나 고생스럽소? 지금 이 건물들은 누가 살려고 이렇게 많이 짓는 것이오?"

"앞의 건물은 손님을 대접하고, 뒤의 건물은 제가 살고, 양쪽 건물은 자식과 하인들을 살게 하고 또 재물을 보관할 것입니다. 여름에는 시원한 다락에 오르고 겨울에는 따뜻한 방에서 지낼 것입니다."

 "그대에게 생사(生死)와 관련된 중요한 게송을 일러 주고 싶은데, 잠깐 일을 멈추고 같이 앉아 이야기할 수 있겠소?"

 "지금 너무 바빠 앉아서 이야기할 겨를이 없습니다. 뒷날 다시 오시면 함께 대화를 나누겠습니다. 중요한 게송이 있다 하셨으니 그 게송이나 말씀해 주십시오."

부처님께서는 곧 게송을 말씀하셨다.

자식이 있고 재물이 있다 하여
어리석게도 공연히 허덕이네.
나라고 하는 이 몸도 내가 아니거늘
무엇 때문에 자식과 재물을 걱정하는가?
더울 때는 여기서 머물고
추울 때는 저기서 머물겠다고
미리 걱정은 많은데
다가오는 재앙은 알지 못하네.
어리석은 사람은
자신을 지혜롭다고 하지만
그것은 매우 어리석은 것이네.

노인이 말하였다.

"잘 들었습니다. 그러나 지금은 너무 바쁘니 뒤에 와서 다시 대화를 나누도록 하겠습니다."

부처님께서는 그를 가엾게 여기시면서 그곳을 떠나셨다. 그 뒤에 노인은 직접 서까래를 올리다가 서까래가 떨어지면서 머리를 치는 바람에 그 자리에서 목숨을 마쳤다. ✦

건강할 때 실천하라

―대장엄론경 | 제5권

건강할 때 빨리 복덕을 지어야 하니
병이 들면
복덕을 닦으려 해도
몸과 힘이 허락하지 않네. ✤

젊어서 부지런해야 한다

—잡아함경 | 제42권

늙은 부부가 있었는데, 기력도 없고 등은 휘어진 갈고리처럼 굽었다. 그들은 가난하여 마을 뒷골목 쓰레기를 태우는 곳에서 불을 향해 쪼그리고 앉아 있었다.

부처님께서 늙은 부부를 보시고 나서 아난 존자에게 말씀하셨다.

"마치 늙은 따오기가 욕심에 가득 차 서로를 마주 보고 있는 것 같은 저 부부를 보았느냐?"

"보았습니다."

"저 늙은 부부는 젊어서 건강한 몸이었을 적에 부지런히 재물을 모았더라면 사위성에서 첫째가는 부자가 되었을 것이요, 만일 바른 믿음으로 출가하여 열심히 닦아 익혔더라면 아라한阿羅漢이 되었을 것이다. 그러나 그들은 이제 늙고 모아놓은 재물도 없으며 능력도 없어, 재물을 구하려 해도 구할 수 없고, 법을 얻으려 해도 얻을 수 없게 되었다." ✽

아라한阿羅漢 소승불교의 수행자 가운데 가장 높은 경지에 오른 사람.

죽지 않는 자는 없다

—중경찬잡비유경 | 하권

어떤 노모가 있었는데, 하나밖에 없는 아들이 병을 얻어 세상을 떠났다. 노모는 시체를 무덤 사이에 두고 슬픔을 이기지 못해 아무것도 먹지 못했다.

"오직 아들에게 이 늙은 몸을 의지하였는데 이제 나를 버리고 죽었으니, 나는 어떻게 살아가야 하는가? 나 혼자 살 수가 없으니 여기서 같이 죽으리라."

부처님께서 그것을 아시고 그 무덤 사이로 가셔서 노모에게 말씀하셨다.

"아들을 다시 살리고 싶으냐?"

"살리고 싶습니다."

"향불을 구해 오너라. 내가 축원하여 그대의 아들을 다시 살려내겠다. 불을 구하되, 사람이 죽어 본 적이 없는 집에서 불을 얻어 와야 한다."

노모는 불을 구하러 나가 만나는 사람마다 물었다.

"당신 집에는 지금까지 죽은 사람이 없었습니까?"

"선조 때부터 다 죽었소."

집집마다 물어 보아도 대답은 모두 한결같았다. 결국 불을 얻지 못하고 노모는 부처님께 돌아와 말하였다.

  "여기저기 다니면서 불을 구하였으나 사람이 죽지 않은 집이 없었기 때문에 빈손으로 돌아왔습니다."

  "태어나서 죽지 않은 사람이 없거늘, 그대는 왜 혼자 미혹하여 아들을 따라 죽기를 원하느냐?"

  노모는 마음이 열려 덧없음의 이치를 깨달았다. ✣

생사의 맛과 근심

―불설비유경

부처님께서 승광왕^{勝光王}에게 말씀하셨다.

"지금 왕을 위하여 간단한 비유로써 생사의 맛과 근심을 말하려고 하니, 왕은 잘 들으십시오. 어떤 사람이 광야를 가다가 사나운 코끼리를 만나게 되었습니다. 그는 코끼리를 피하여 정신없이 달아나다가 우물과 그 옆에 있는 나무뿌리를 보았습니다. 다급한 나머지 그는 나무뿌리를 잡고 내려가 우물 속으로 몸을 숨겼습니다. 그런데 흰 쥐와 검은 쥐가 이빨로 나무뿌리를 갉고 있었고, 우물의 사면에는 네 마리의 독사가 그를 물려하였으며, 우물의 밑에는 독룡이 있었습니다. 또한 나무가 흔들리자 벌이 흩어져 내려와 그를 쏘았으며, 또 들에서는 불이 일어나 그 나무를 태우고 있었습니다. 그런데 그때 나뭇가지를 타고 꿀 다섯 방울이 그의 입속으로 떨어졌습니다. 그 사람은 오직 달콤한 맛에만 취했습니다.

대왕이여, 광야란 끝없는 무명無明의 긴 밤에 비유한 것이고, 사람은 중생에 비유한 것이며, 코끼리는 무상無常에 비유한 것이고, 우물은 생사에 비유한 것이며, 나무뿌리는 목숨에 비유한 것이고, 흰쥐와 검은 쥐는 낮과 밤에 비유한 것이며, 나무뿌리를 갉는 것은 시시각각으로 목숨이 줄어드는 데 비유한 것이고, 네 마리 독사는 사대四大에 비유한 것이며, 벌꿀은 오욕五欲에 비유한 것이고, 벌은 삿된 소견에 비유한 것이며, 불은 늙음과 병에 비유한 것이고, 독룡은 죽음에 비유한 것입니다.

그러므로 오욕의 맛은 적고 고통은 매우 크다는 것을 알아야 합니다. 언제나 그것을 명심하고 오욕에 사로잡히지 않아야 합니다."

무명無明 근본적인 무지無知. 모든 괴로움의 근본적인 원인.
무상無常 모든 것은 변하여 머물러 있지 않는 것.
오욕五欲 색, 소리, 향기, 맛, 감촉이라는 다섯 가지.

사람의 목숨은 기약할 수 없다

— 법구비유경 | 제1권

바사닉왕의 부인이 90세에 갑자기 중병에 걸렸다. 온갖 약을 다 써보았으나 결국 목숨을 마치고 말았다. 왕은 장례를 치르고 돌아오는 길에 부처님 처소에 나아가 예배하였다. 부처님께서는 왕에게 물으셨다.

"왕은 어디서 오시기에 옷이 누추하고 안색이 안 좋습니까?"

"부인이 갑자기 목숨을 마쳐 장사를 지내고서, 지금 돌아오는 길입니다."

"옛날부터 네 가지 큰 두려움이 있습니다. 즉 태어나고, 늙고, 병들고, 죽는 것입니다. 사람의 목숨은 기약할 수 없고, 만물은 덧없어 오래 보전할 수 없습니다. 하루하루가 지나가는 것처럼, 사람의 목숨도 그와 같습니다. 마치 강물이 밤낮으로 쉬지 않고 흐르는 것처럼, 사람 목숨의 빠르기도 그와 같습니다."

5

마음 마음 마음

믿음과 마음

―법구경 | 상권

믿음은 생사의 강을 건네주고
마음 단속은 뱃사공이다.
부지런한 노력은 괴로움을 없애주고
지혜는 피안彼岸에 이르게 한다. ✣

피안彼岸 **깨달음의 세계를 말한다.**

마음이 세상을 이끈다

—잡아함경 | 제36권

어떤 천자가 부처님께 여쭈었다.

어떤 것이 세상을 유지하고
어떤 것이 세상을 이끌고 갑니까?
또 어떤 법이 세상을 제어합니까?

부처님께서 대답하셨다.

마음이 세상을 유지하고
마음이 세상을 이끌고 간다.
마음이 하나의 법이 되어 세상을 제어한다. ✣

마음을 깨끗하게 하라

—증일아함경 | 제1권

모든 악을 짓지 말고
온갖 선을 행하라.
스스로 마음을 깨끗하게 하는 것이
곧 부처님의 가르침이다. ✣

마음의 병

―현겁경 | 제1권

마음에는 네 가지 병이 있다.
첫째는 탐내는 마음과 음욕이고,
둘째는 성내고 미워하는 것이며,
셋째는 어리석음이고,
넷째는 아만심이다.
그러므로 지혜로써 이 네 가지 병을
모두 없애야 한다. ✤

산란한 마음

—보리행경 | 제1권

중병에 걸리면
편안하지 않은 것처럼
산란한 마음도 그러하여
여러 일을 견디지 못한다.

마음이 산란하여 안정되지 않으면
듣고 사유하고 관찰하라.
그릇에서 물이 새면
물은 채워지지 않는다. ✤

마음이 산란한 이유

―불설대생의경

산란은 무엇을 인연으로 하는가? 마음은 집착으로 인해 산란하게 된다.

집착은 무엇을 인연으로 하는가? 나라는 소견으로 인해 집착이 생긴다.

나라는 소견은 무엇을 인연으로 하는가? 기뻐함과 탐함으로 인해 나라는 소견이 생긴다.

기뻐함과 탐함은 무엇을 인연으로 하는가? 만족이 없음으로 인해 기뻐함과 탐함이 생긴다.

만족이 없음은 무엇을 인연으로 하는가? 결정하지 못함으로 인해 만족이 없다.

결정하지 못함은 무엇을 인연으로 하는가? 얻을 바가 있음으로 인해 결정하지 못한다.

마음먹기 나름이다

―불반니원경 | 상권

마음은 사람을 그르치기도 하고, 몸을 죽게 만들기도 하고, 아라한도 되게 하고, 천신도 되게 하고, 사람도 되게 하고, 축생도 되게 하고, 지옥에 있게도 하고, 아귀도 되게 하니, 형상을 만드는 것은 모두 마음이 이루는 것이다.

모든 것은 마음에 있다

— 화엄경 40권본 | 제6권

꿈속에서 보는 것이 모두 분별로부터 일어나는 것처럼, 부처님을 보는 것도 자기의 마음으로부터 일어나는 것이다. 마음은 그릇 안의 물과 같고, 모든 것은 물에 비친 그림자와 같다. 또 마음은 환술과 같고, 모든 것은 환술로 만든 것과 같다.

마치 골짜기가 소리를 따라 메아리를 내듯이, 자기의 마음이 생각함을 따라 부처님을 보는 것이다. 이렇게 부처님을 보는 것이 모두 자기의 마음으로 말미암는 것이다. ✤

마음을 안정시켜라

―증일아함경 | 제4권

부처님께서 말씀하셨다.

"나는 마음보다 더 빠른 법을 보지 못했다. 그것은 비유할 수도 없이 빠르다. 마치 원숭이가 하나를 놓아버리면 다른 하나를 잡아 마음이 안정되지 않은 것처럼, 사람의 마음도 그와 같다. 앞생각과 뒷생각이 동일하지 않으면 어떤 방법을 써도 안정될 수 없다. 마음이 빙빙 돌아다니는 것은 참으로 빠르다. 따라서 항상 마음을 항복받아 착한 길로 나아가도록 공부해야 한다."

마음을 다스리면 몸은 바르게 된다

—불소행찬 | 제2권

몸의 행을 일으키고 멸함은
모두 마음의 힘 때문이니
마음을 여의면 몸은 고목과 같다.
마음을 길들이면 몸은 저절로 바르게 될 것이다. ✤

내 마음이 곧 부처님의 법이다

—화엄경 40권본 | 제6권

　내 마음이 모든 부처님과 보살들의 법이다. 내 마음이 곧 부처님의 법인 줄을 알므로 모든 세계를 깨끗이 하기도 하고, 모든 겁劫에 들어가기도 한다. 그러므로 선한 법으로 내 마음을 돕고, 불법佛法의 비로 내 마음을 적시며, 법으로 내 마음을 깨끗이 해야 한다. 꾸준히 나아감으로써 마음을 견고히 하고, 참음으로써 마음을 낮추며, 선정으로써 마음을 깨끗이 하고, 지혜로써 마음을 밝게 하며, 부처님의 공덕으로 마음을 일으키고, 평등한 것으로 마음을 넓혀야 한다. ❖

겁劫 시간의 단위로 계산할 수 없는 무한히 긴 시간.

마음을 병들지 않게 하라

―증일아함경 | 제6권

한 늙은 장자가 부처님께 말하였다.

"저는 나이도 많고, 게다가 질병도 있어서 온갖 근심과 번뇌가 많습니다. 부처님께서는 때에 따라 가르치고 훈계하셔서 중생들로 하여금 오랜 세월 동안 편안할 수 있게 해주소서."

부처님께서 장자에게 말씀하셨다.

"네가 말한 것과 같이 몸에는 두려움과 고통이 많다. 어찌 믿을 만한 것이겠는가? 다만 얇은 가죽으로 그 위를 덮었을 뿐이다. 그 몸을 의지하는 사람들은 잠깐 동안 즐거움이 있을지라도 그것은 어리석은 마음이다. 비록 몸에 병이 있다 하더라도 마음은 병들지 않게 하라."

마음은 모든 법의 근본이다

—증일아함경 | 제51권

마음은 모든 법의 근본이니
마음이 주인이 되어 모든 것을 부린다.
마음속으로 악(惡)을 생각하여 그대로 행하면
괴로운 과보 받는 것이
바퀴가 바퀴자국을 따라가는 것과 같다.
마음속으로 선(善)을 생각하여 그대로 행하면
선의 과보 받는 것이
그림자가 형체를 따르는 것과 같다. ✣

진정한 아름다움

―칠녀경

부처님께서 말씀하셨다.

"얼굴이 아름다운 것은 진정한 아름다움이 아니고, 몸매가 아름다운 것도 진정한 아름다움이 아니며, 화려하게 옷을 입은 것도 진정한 아름다움이 아니고, 귀를 간지럽게 하는 말도 훌륭한 말이 아니다. 마음이 단정하고 뜻이 바른 것이 진정한 아름다움이다."

마음과 입과 몸을 다스려라

—법원주림 | 제83권

입은 마음의 생각을 말하는 것이니 항상 선*을 말하고, 법이 아닌 것은 말하지 말라.

입은 마음을 말하는 것이니, 바른 법을 생각하고 법이 아닌 것은 생각하지 말라.

마음은 또 몸을 말하는 것이니 게으르지 말라.

나의 마음을 스스로 규제하고, 나의 입을 스스로 삼가며, 나의 몸을 스스로 금해야 한다.

마음으로 안과 밖을 관찰하라

—불설아함정행경

부처님께서 말씀하셨다.

"마음으로 밖을 관찰하고 안을 관찰하면 사유를 통해 저절로 기쁨이 생겨 다른 사람들의 마음과는 다르게 될 것이다. 이때에는 천하의 보물도 소용없다. 마음은 차츰차츰 바른 길을 따르게 된다. 뜻이 조금이라도 움직이려 하거든 거두어 그치게 하고 지켜야 한다. 그렇게 하면 뜻이 곧 돌아온다.

마치 거울이 깨끗하지 않아 형체가 보이지 않을 때에 먼지를 닦아 버리면 형체가 뚜렷하게 보이는 것과 같다. 탐욕·음행·성냄·어리석음을 버리는 것은 마치 거울을 닦는 것과 같다.

또한 마음가짐을 네모진 돌과 같이 해야 한다. 돌은 비가 와도 깨지지 않고, 햇빛이 내리쬐도 녹지 않고, 바람이 불어도 날아가지 않는다."

마음의 본성

—수능엄경 | 제1권

조그마한 잎사귀나 가느다란 실오라기도 그 근원을 따져보면 모두 본체의 성질이 있고, 허공일지라도 이름과 모습이 있거늘, 청정하고 미묘하고 밝은 마음은 일체 마음의 본성*인데, 어찌 자체가 없겠느냐. ✤

마음이 맑으면 불국토(佛國土)가 맑아진다

―유마경 | 상권

지혜가 깨끗해짐에 따라 마음이 맑아지고,
마음이 맑아짐에 따라 모든 마음의 공덕이 깨끗해진다.
정토(淨土)를 이루고자 한다면 마음을 맑고 깨끗이 하라.
마음이 맑고 깨끗해짐에 따라 불국토도 맑아진다.

안을 관찰하여 다툼의 근본을 뽑아라

— 장아함경 | 제8권

스스로 안을 관찰하라. 만일 성냄과 원한을 가지고 있다면 다툼의 근본을 뽑아라. 맺힌 원한이 이미 다했다면 그 마음을 막아 다시 일어나지 않게 하라. 잘못된 것을 받아들이고도 버리지 못하고 그릇된 견해에서 헤매는 것도 이와 같이 다스려라.

몸과 마음의 인욕

— 대지도론 | 제29권

인욕에는 두 가지가 있다. 첫째는 몸의 인욕이고, 둘째는 마음의 인욕이다. 몸의 인욕은 비록 몸과 입이 동요하지 않더라도 마음이 동요되는 것이다. 조그마한 인욕이기 때문에 마음은 제어할 수가 없다. 마음의 인욕이란 몸과 마음이 모두 인욕하는 것이니, 마치 말라 죽은 나무와 같다. 또 조그마한 인욕은 사람이 때리고 욕을 해도 보복하지 않는 것이요, 큰 인욕은 욕한 이나 인욕하는 이나 인욕하는 법조차 분별하지 않는 것이다. ✤

마음으로 전하다 三處傳心

1. 염화미소 拈花微笑

—대범천왕문불결의경

영산회상에서 범천왕이 부처님께 설법해 주실 것을 청하였다. 이에 부처님께서 법상에 앉으시어 꽃을 들어 대중에게 보이자 수많은 대중은 아무도 그 뜻을 알아차리지 못하였다. 그러나 오직 가섭만이 미소를 지었다.

부처님께서 말씀하셨다.

"나에게 정법안장正法眼藏 열반묘심涅槃妙心 미묘한 법문이 있다. 이제 이것을 마하가섭에게 부촉한다."

정법안장正法眼藏 선문禪門에서 올바른 세계의 견해, 깨달음의 진실을 말한다.
열반묘심涅槃妙心 불심佛心, 번뇌에서 벗어나 진리를 깨달은 마음.

마음으로 전하다 三處傳心

2. 다자탑전 분반좌 多子塔前 分半座

— 불설중본기경 | 하권

다자탑多子塔 앞에서 부처님께서 대중을 위하여 설법하실 때 마하가섭이 머리를 산발하고 해진 옷을 입은 채 왔다. 그러자 부처님께서는 멀리서 보고 찬탄하시기를, "잘 왔구나. 가섭아" 하시고, 자리의 반을 나누어 앉게 하셨다.

가섭은 부처님께 예배하고 말하였다.

"저는 부처님의 끝줄의 제자인데 저에게 자리를 나눠 주시니, 감히 뜻을 받들지 못하겠습니다."

그러자 대중들은 모두 생각하였다.

'이 늙은 수행자는 무슨 덕이 있길래 부처님께서 자리를 나눠 주셨을까? 이 사람은 뛰어난 분일까? 오직 부처님만이 밝히시리라.'

부처님께서는 대중들의 생각을 아시고 곧 말씀하셨다.

"가섭의 큰 행이야말로 성인과 같다. 나는 사선(四禪)의 선정을 닦아 마음을 쉬어서 처음부터 끝까지 손실된 것이 없는데, 가섭 비구도 사선이 있고 선정의 뜻을 얻었다. 나는 크게 인자한 마음으로 일체를 사랑하는데, 가섭의 인자함도 이와 같다. 나는 대자비로 중생을 제도하는데 가섭 비구도 역시 그와 같다."

사선四禪 색계色界에서 선禪을 익히는 네 단계.

마음으로 전하다 三處傳心

3. 사라쌍수하 곽시쌍부 娑羅雙樹下 槨示雙趺

—대반열반경후분 | 하권

부처님께서 열반하셨을 때, 가섭은 먼 지방에 있었다. 가섭을 기다리다 지친 제자들이 다비를 하려 하였으나 불이 붙지 않았다. 가섭은 7일 만에 늦게 도착하였다.
　가섭은 부처님의 관을 보자 슬퍼하면서 탄식하였다.

괴롭고, 괴롭습니다. 큰 성인 존자이시여.
　지금 마음을 도려내는 듯 고통스럽습니다.
　부처님이시여, 멸도滅度하심이 어찌하여 이렇게 빠르십니까.

가섭이 목메어 슬피 울며 이 게송을 끝내자, 부처님께서 대자비로 두 발을 관 밖으로 내미셨다. 발에서 천 가닥의 빛이 나와 시방의 모든 세계를 두루 비췄다. 이때에 가섭과 모든 제자들이 부처님의 발에 예배하였다. ✢

6

나와 세상을 바꾸는 나눔

칼날 끝의 달콤한 꿀

—사십이장경

재물과 색色은 칼날 끝의 달콤한 꿀과 같다. 한 번 빨아먹기에 부족하고 혀를 베일 수 있지만, 사람들은 달콤함에 취해 그것을 탐한다.

사람이 처자나 좋은 집에 얽매이는 것은 감옥과 쇠사슬보다 더한 것이다.

눈앞의 이익만을 생각한 우유 장수

―잡비유경

가난한 두 우유장수가 있었다. 어느 날 시장에 가려는데 비가 내리자 그 중 슬기로운 사람은 이렇게 생각했다.

'비가 내리니 길이 질고 미끄러울 것이다. 혹시라도 넘어지면 우유병이 깨질 것이니 오늘은 조금만 가져가자.'

그러나 다른 한 사람은 모든 병에 우유를 가득 담고 시장으로 갔다. 두 사람은 함께 언덕을 넘다가 그만 미끄러져 우유병들을 모두 깨고 말았다.

병은 우리의 몸을, 우유는 재물을 비유한다. 어떤 이는 재물을 아껴 당장의 이익만을 탐하면서 무상無常의 이치를 생각하지 않다가 갑자기 목숨을 잃는 바람에 재물을 잃고 만다. 그것은 저 우둔한 우유장수가 모든 병을 한꺼번에 깨뜨리고 울면서 후회하는 것과 같다.

또 어떤 이는 재물을 보시하다가 목숨을 마치더라도 얻을 것이 있으니, 그것은 저 슬기로운 우유장수가 욕심을 내지 않았기 때문에 적은 손해로 그치는 것과 같다. ✢

스스로도 즐기고 남에게도 베풀라

―잡아함경 | 제46권

훌륭하고 값진 재물을
나쁜 사람이 지니게 되면
자신도 쓰지 못하거니와
남에게 베풀지도 못하며
괴롭게 모았다가는 스스로 잃고 만다.
지혜로운 사람은 많은 재물 얻으면
자신도 즐기면서 잘 쓸 줄 알고
널리 보시해 공덕 짓는다. ✤

자기에게도 인색하였던 구두쇠

—구잡비유경 | 상권

 큰 부자이지만 자신에게 먹고 쓰는 것조차도 아까워하는 구두쇠가 살고 있었다. 그 구두쇠 옆집에는 가난한 노인이 살고 있었는데, 날마다 고기를 먹었고 손님이 끊이지 않았다.

 어느 날 구두쇠는 '나는 엄청난 재산을 가지고 있으면서도 저 노인보다 못하구나'라고 생각하고서 닭 한 마리를 잡고 한 되의 밥을 지어 아무도 없는 곳으로 가서 먹으려 하였다. 음식을 먹으려 할 때 제석천왕이 개로 변하여 내려와 그 옆에서 음식을 먹고 싶어 하였다.

 그러자 구두쇠가 개에게 음식을 주지 않으려고 이와 같이 말하였다.

 "공중에 거꾸로 매달리면 너에게 음식을 주겠다."

 개는 곧 공중에 거꾸로 매달렸다.

 "눈을 땅에 빼놓으면 음식을 주겠다."

개의 두 눈이 빠져 땅에 떨어졌다. 그러나 음식이 아까웠던 부자는 말도 없이 다른 곳으로 휙 가버렸다.

그러자 제석천왕은 구두쇠의 몸으로 변하여 그의 집으로 갔다. 대문에 도착한 그는 문지기에게 이 집의 주인이라고 하는 자가 오거든 때려서 내쫓으라고 하였다. 뒤늦게 돌아온 구두쇠는 내쫓겼고, 제석천왕은 그 구두쇠의 재물을 모두 보시하였다. 그것을 본 구두쇠는 그만 미쳐버렸다.

그때 제석천왕이 구두쇠에게 말하였다.

"재물이 많으면 걱정이 많은 법이다. 재물을 쌓아두고 먹지도 않고 보시도 하지 않으면, 죽어서는 아귀가 되어 언제나 의식이 모자랄 것이요, 혹 아귀를 벗어나 사람이 되더라도 하천한 데 떨어질 것이다. 너는 죽음을 생각하지 않고, 부자면서도 인색하여 먹지도 않으니 또 무엇을 바라는가?"

보시할 때 손익을 생각하지 말라

—유마경 | 상권

보시하는 사람에게는 큰 복도 없고 작은 복도 없으며, 이익이 되는 것도 아니고 손해가 되는 것도 아니니, 이같이 손익을 생각하지 않고 보시하는 것이야말로 바르게 불도佛道에 들어가는 것이다.

작은 보시를 가벼이 여기지 말라

—현우경 | 제2권

부처님께서 제자들에게 말씀하셨다.

"과거에 매우 가난한 사람이 있었는데, 그는 스님들에게 공양하고 싶었으나 공양할 거리가 없는 것을 안타까워하였다. 그래서 그는 들에 나가 꽃을 꺾어 스님들에게 흩으면서 진심으로 예배하고 떠났다. 그는 이렇게 스님들에게 공경하는 마음을 내어 꽃을 바쳤기 때문에 오랜 겁 동안 태어나는 곳마다 몸이 단정하였고, 물건을 얻고자 하면 생각대로 얻었으며, 도를 이루었다.

그러므로 작은 보시를 복이 없다 하여 가벼이 여기지 말라. 저 사람이 모든 것을 스스로 얻은 것과 같다."

가난한 여인의 등불

─ 현우경 | 제3권

 난타^{難陀}라는 가난한 여인이 구걸하면서 하루하루 살아갔다. 어느 날 그녀는 모든 사람들이 부처님과 스님들께 공양하는 것을 보고는 자신도 부처님께 공양하기로 마음먹었다. 곧 나가서 하루 종일 구걸하였지만, 겨우 1전을 얻었다. 그것으로 기름을 사서 등불 하나를 만들어 절로 갔다. 그녀는 그 등불을 부처님께 바친 뒤 서원을 세웠다.

 '이 작은 등불을 부처님께 공양합니다. 이 공덕으로 다음 생에 지혜의 광명을 얻어 일체 중생의 어둠을 없애게 하소서.'

 시간이 흘러 밤이 지나 다른 등불은 모두 꺼졌으나 그 등불만은 환하게 켜져 있었다. 날이 밝자 목련 존자가 등불들을 치우려다가 한 등불만이 홀로 밝게 타고 있는 것을 보았다. 목련 존자는 밝은 대낮에 등불을 켜둘 필요가 없어 그것을 끄려고 하였다. 그러나 불꽃은 꺼지지 않았다.

부처님께서는 그 모습을 보시고 말씀하셨다.

"아난아, 그 등불은 네가 끌 수 없다. 네가 사해(四海)의 물을 쏟아붓거나, 산바람을 불더라도 그것은 꺼지지 않는다. 왜냐하면 그 등불은 일체 중생을 건지려고 큰마음을 낸 여인이 보시했기 때문이다."

부처님께서 이렇게 말씀하시자, 난타 여인은 부처님께 나아가 예배하였다.

부처님께서 그녀에게 말씀하셨다.

"너는 다음세상 백 겁 동안 등광(燈光)이라는 부처가 될 것이다."

난타 여인은 기뻐하며 출가하기를 원하였고, 부처님께서는 곧 허락하셨다. ✤

시기적절한 베풂

—증일아함경 | 제24권

부처님께서 말씀하셨다.

"시기적절한 보시에 다섯 가지가 있다. 첫째는 멀리서 오는 사람에게 보시하는 것이고, 둘째는 먼 길을 떠나는 사람에게 보시하는 것이며, 셋째는 병든 사람에게 보시하는 것이고, 넷째는 걸식하기 힘들 때에 보시하는 것이며, 다섯째는 햇과일과 햇곡식을 정진하는 이에게 먼저 주고 나중에 자기가 먹는 것이다.

지혜로운 이는 때를 알아 보시하고
믿는 마음 끊어버리지 않는다.
이런 데에서 즐거움 느껴
하늘에 태어날 온갖 덕 갖춘다.

때를 따라 보시하는 마음 지니면
복 받는 일 메아리와 같다.
힘들거나 모자람 없이
태어나는 곳마다 늘 부귀 누리리라."

보시하되 부귀와 쾌락을 바라지 말라

—불설장자시보경

부처님께서 말씀하셨다.

"부귀와 쾌락을 바라면서 보시하면 큰 복의 과보는 받지 못한다. 그러나 부귀와 쾌락을 바라지 않고 법대로 보시하면 큰 부자가 되고, 존경을 받을 것이다. 그 사람은 일체 중생을 위해 보시하기 때문이다."

아끼고 미워하는 마음 없이 보시하라

—증일아함경 | 제4권

마지막으로 남은 한 덩이 밥을 자기가 먹지 않고 남에게 베풀어주되, 털끝만큼도 미워하는 마음을 일으키지 말라. 만일 화를 내면 보시의 과보를 알지 못하는 것이다. 보시의 과보는 평등하게 갚는 마음과 같다. 평등하게 보시하지 못하면 스스로 타락하고 만다. 항상 아끼고 미워하는 마음이 있어서 제 마음을 얽어매기 때문이다. ✽

자기 몸을 보시한 토끼

—구잡비유경 | 하권

어떤 수행자가 산속에서 지냈는데, 그곳에는 원숭이, 여우, 수달, 토끼 네 마리 짐승이 있었다. 네 마리 짐승은 날마다 그 수행자에게서 경전과 계율의 법을 들었다.

이렇게 오래 지나자 그곳에 있던 많은 먹을거리가 부족해졌다. 그래서 수행자는 다른 곳으로 옮겨가려 하였다. 그러자 네 마리 짐승은 큰 시름에 빠져 서로 의논하였다.

"이 분을 위하여 각자 공양할 것을 구해 오자."

원숭이는 다른 산으로 가서 맛있는 과일을 따와 수행자에게 바쳤고, 여우는 한 포대의 밥과 미숫가루를 구해 와서 바쳤으며, 수달은 물에 들어가 큰 물고기를 잡아와서 수행자에게 바쳤다.

그때 토끼는 나뭇가지를 주워와 불을 붙이고는 수행자에게 말하였다.

"저는 공양할 만한 것이 없습니다. 그래서 저는 제 몸을 바치려고 합니다. 제가 불속에 뛰어들어 구워지면 고기를 드십시오. 하루 양식은 될 것입니다."

토끼는 불 속에 몸을 던졌다. 수행자는 토끼의 마음에 감동되어 떠나지 않고 그곳에 머물렀다.

부처님께서 말씀하셨다.

"그때의 수행자는 제화갈提和竭 부처님이요, 토끼는 내 몸이며, 원숭이는 사리불이요, 여우는 아난이며, 수달은 목건련이니라."

몸을 아끼지 않는 보시

—중경찬집비유경 | 상권

부처님은 전생에 시비왕尸毗王이었는데, 제석천왕이 그 왕의 자비심을 시험해 보려고 천신에게 말하였다.

"너는 비둘기가 되어라. 나는 매가 되어 너를 쫓아갈 것이다. 너는 거짓으로 두려움에 떨면서 왕의 겨드랑이 밑으로 들어가라."

천신은 곧 비둘기로 변화하였다. 그리고 제석천왕도 매로 변화하여 급히 비둘기를 쫓아갔다. 비둘기는 왕의 겨드랑이 밑으로 들어가 온몸을 벌벌 떨었다.

그때 매는 나무 위에 앉아 왕에게 말하였다.

"그 비둘기를 내게 돌려주십시오. 그것은 내 밥이지, 대왕의 것이 아닙니다."

"나는 일체 중생을 구제하여 괴로움에서 건지려고 발심하였다."

"왕이 일체 중생을 제도하시려 한다면 나도 일체 중생 가운데 하나입니다. 그런데 왜 나는 가엾이 여기지 않고 내 밥을 빼앗습니까?"

"내게 온 중생을 일심으로 수호하여 화를 당하지 않게 하려 한다. 대신 너에게는 네가 먹고 싶은 것을 주리라. 너는 무엇이 먹고 싶으냐?"

"갓 죽인 고기입니다."

왕은 생각하였다.

'아, 그것도 어려운 일이구나. 내가 살생하지 않으면 얻을 길이 없다. 그러나 어찌 하나를 죽여 다른 하나에게 주겠는가?'

그러고는 칼로 자기의 다리 살을 베어 매에게 주었다.

매가 말하였다.

"그 살과 비둘기의 무게를 같게 해주십시오."

"저울을 가져와 나의 살과 비둘기의 무게를 달아 보아라."

저울로 무게를 달아보니, 비둘기의 몸은 무겁고 왕의 살은 가벼웠다. 왕은 두 다리 살을 모두 베어냈으나 그래도 가벼웠다. 두 장딴지와 가슴과 등살 등을 베어냈고, 온몸의 살을 모두 베어냈는데도 비둘기가 더 무거웠다. 마침내 왕이 저울에 올라앉으니, 비로소 비둘기의 무게와 같았다. 매는 왕에게 말하였다.

"그렇지 하지 마시고, 그 비둘기를 내게 돌려주십시오."

"비둘기가 내게 와서 의지하였으니 나는 결코 너에게 줄 수 없다. 나는 나의 살을 베어낼 때, 처음에는 법을 위하지 않고 아까워하였다. 그러나 지금은 부처가 되려고 저울에 올라앉았으니, 후회가 없다."

그때 여러 천신과 사람들이 모두 찬탄하였다.

"한 마리 비둘기를 위하여 저렇게 고통을 당하시는구나."

감동한 제석천왕과 천신은 본래 모습으로 돌아왔고, 곧 왕의 몸을 본래와 같이 회복시켰다. ✽

보살행

―화엄경 80권본 | 제19권

보살은 보시할 때 후회하거나 아까워하지 않고, 과보를 바라지 않으며, 명예를 구하지 않고, 이익을 탐하지도 않는다. 다만 일체 중생을 구호하고, 일체 중생을 거두어 주며, 일체 중생을 이익하게 한다. 또한 모든 부처님의 닦으시던 행을 배우고 생각하며 좋아하고 증장한다. ✽

앵무새가 장님 부모를 공양한 인연

—잡보장경 | 제1권

설산(雪山)에 앵무새 한 마리가 있었는데, 그 부모는 모두 장님이었다. 그 앵무새는 언제나 좋은 꽃과 과일을 따다가 먼저 부모를 공양하였다.

그때 어떤 농부가 '내가 심은 이 곡식을 여러 중생들과 함께 먹으리라' 하고 생각하였다. 앵무새는 그 농부가 보시할 마음을 가진 것을 알고 항상 그 밭의 곡식을 가져다 부모에게 공양하였다.

어느 날 농부는 밭을 돌아보다가 앵무새가 곡식의 이삭을 뽑는 것을 보고 화를 내며 그물로 쳐서 앵무새를 잡았다.

앵무새는 말하였다.

"농부님은 처음에 좋은 마음으로 곡식을 아까워하지 않았습니다. 그래서 나는 일부러 이 곡식을 가지고 갔습니다. 그런데 어찌하여 지금 나를 잡습니까? 또 밭이란 어머니와 같고 종자란 아버지와 같으며 진실한 말은 아들과 같고 농부는 왕과 같습니다."

농부는 그 말을 듣고 기뻐하여 앵무새에게 물었다.

"너는 누구를 위해 이 곡식을 가지고 가는가?"

"장님 부모님이 계신데 이것으로 봉양하려 합니다."

농부는 감동하여 말하였다.

"지금부터는 여기 와서 가져가되 조금도 어려워하지 말라."

가난해도 베풀 수 있다

―우바새계경 | 제4권

나라의 왕이어도 반드시 베풀 수 있는 것은 아니며, 가난한 사람이어도 베풀 수 없는 것은 아니다. 아무리 가난한 사람이라도 음식을 먹고 나서 그릇을 씻어 버리는 물과 그 찌꺼기를 먹을 수 있는 것에게 보시하면 복덕을 얻을 것이며, 보릿가루 부스러기라도 개미들에게 주면 또한 한량없는 복덕을 얻을 것이다. 그러니 천하에 가난한 사람이라고 이 먼지만큼의 보릿가루야 없겠는가. 또한 몸이 없는 자가 있겠는가. 만약 몸이 있다면 몸으로 마땅히 다른 사람을 도와라. 좋아하고 싫어함이 없이 하면 또한 복덕을 얻을 것이다. ✢

7

내 이웃이 나의 거울이다

남의 죄를 자주 드러내지 말라

—사분율 | 제60권

부처님께서 우팔리 존자에게 말씀하셨다.

"남의 죄를 자주 드러내지 말라. 자신의 몸과 입이 깨끗하지 못하면서 남의 죄를 자꾸 들춘다면 상대방이 '당신이나 잘하라'고 대꾸할 것이다. 자신이 깨끗하면 상대방이 이렇게 대꾸하지 못할 것이다. 말이 깨끗하지 않거나, 생활이 깨끗하지 못한 것도 이와 같다.

만약 부득이하게 남의 허물을 드러내고자 한다면, 때를 놓치지 말고 제때에 해야 하며, 거짓이 아닌 진실로 해야 하고, 이로움을 주기 위해서 해야 하며, 부드럽게 해야 하고, 인자한 마음으로 해야 한다."

남의 사과를 받아 주어라

—별역잡아함경 | 제2권

두 스님이 서로 다투었다. 한 명은 거의 말을 하지 않고 참았지만, 다른 한 명은 불같이 화를 내었다. 나중에 불같이 화를 낸 스님이 뉘우치고 말없이 참은 스님에게 참회하려고 했으나, 그 스님은 그의 참회를 받아 주지 않았다. 이 일이 널리 알려지자 스님들 사이에서 서로 논쟁이 벌어지면서 큰소리가 나게 되었다. 부처님께서는 멀리서 그 소리를 들으시고 말씀하셨다.

"어찌 어리석게도 남의 참회를 받아 주지 않는가? 비유하면 그릇을 가지고서 불에 기름을 붓는다면 불은 더욱 활활 타서 도리어 그릇까지 태운다. 성내는 마음도 그와 같아서 도리어 스스로의 선근善根을 태울 뿐이다. 성냄을 품지 않는다면 화났다가도 곧 없어진다."

남을 미워하지 말라

―백유경 | 제4권

어떤 사람이 남을 미워하여 늘 시름에 잠겨 있었다. 한 사람이 그에게 물었다.

"왜 그처럼 근심에 잠겨 있습니까?"

"어떤 사람이 나를 몹시 헐뜯는데 내 힘으로는 보복할 수 없고, 또 몰래 보복하고 싶어도 그 방법을 모릅니다. 그래서 근심하는 것입니다."

"오직 주문으로만 그를 해칠 수 있습니다. 그러나 그를 해치지 못하게 될 경우 도리어 자신이 해를 입게 됩니다."

그 사람은 이 말을 듣고 매우 기뻐하면서 말하였다.

"내게 그 방법을 가르쳐 주십시오. 비록 내가 해를 입더라도 반드시 그를 해치고 말 것입니다."

세상 사람들도 그와 같아서 남을 미워하여 주문으로 남을 괴롭히려 하지만 결국 남을 해치지 못하고 도리어 자신을 해치니, 지옥·아귀·축생의 세계에 떨어지는 것이 저 어리석은 사람과 같다. ✤

남의 마음을 아프게 하지 말라

—제경요집 | 제14권

어리석은 사람의 독은 치성하고 분노의 불은 항상 타오른다. 인연을 만나면 장애를 일으키고 경계에 부딪치면 성을 낸다. 분노에 찬 말은 입을 찌르고 마음을 태움으로써 상대방을 다치게 하니, 그 아픔은 칼로 베이는 것보다 더하다. 이것은 보살의 착한 마음을 어기고, 부처님 사랑의 가르침을 거스르는 것이다. ✤

진리에는 남녀 차별이 없다

—별역잡아함경 | 제12권

소마(蘇摩)라는 비구니 스님이 수행하려고 숲에 들어가고 있었는데, 마왕 파순이 말하였다.

"거룩한 성인이 얻은 그곳은 오르기 어려우니, 그대의 어리석은 지혜로는 그곳을 얻지 못할 것이다."

소마 비구니 스님은 마왕의 장난임을 알고 게송으로 대답했다.

> 여자라는 생각 마음에 두지 않고
> 오직 수행에만 뜻을 두어
> 위없는 가르침을 살필 뿐이다.
> 진리에 남녀의 차별이 있다면
> 여자는 얻을 수 없다고 말할 수도 있겠지만
> 진리에는 남녀의 차별이 없으니
> 어찌 어렵다고 말하리오.
> 모든 애착을 끊고 무명(無明)의 어둠을 없애면
> 번뇌 없는 법에 머물러 열반을 증득하리. ♣

좋은 친구는 가까이하고 나쁜 친구는 멀리하라

―시가라월육방예경

나쁜 친구에 네 가지가 있다. 첫째는 속으로는 원망하는 마음이 있으면서 겉으로는 친한 척하는 것이고, 둘째는 남 앞에서는 칭찬을 하고 돌아서서는 험담을 하는 이며, 셋째는 급한 일이 있을 때 그 사람 앞에서는 근심 걱정하는 체하고 돌아가서는 기뻐하는 이며, 넷째는 겉으로는 친한 체하면서 속으로는 원망하고 모략하는 이다.

이와 반대로 좋은 친구에도 네 가지가 있다. 첫째는 겉으로는 원수진 사람 같으면서도 속으로는 그 정이 두터운 이고, 둘째는 직접 대해서는 바른 말을 하지만 없는 데서는 오히려 칭찬해 주는 이며, 셋째는 병들어 있을 때에는 그를 위하여 일을 대신하여 걱정을 덜어주는 이고, 넷째는 가난하고 천한 이를 보더라도 모른 체하지 않고 무슨 방법을 써서라도 그를 도와주는 이다.

좋은 친구는 가까이하고, 나쁜 친구는 멀리하라. 좋은 친구와 어울리면 불도佛道를 이루기가 쉬우리라. ✣

남편을 보면 아내를 안다

—별역잡아함경 | 제12권

어떤 천자(天子)가 부처님 계신 곳에 와서 게송으로 말하였다.

어떻게 왕의 수레를 알고
어떻게 불이 난 것을 알며
어떻게 하나의 나라임을 알고
어떻게 여인을 압니까?

부처님께서 게송으로 대답하셨다.

깃발을 보면 왕의 수레를 알고
연기를 보면 불이 난 것을 알며
왕을 보면 나라를 알고
남편을 보면 아내를 알 수 있다. ♣

8

배움에는 때가 없다 부지런히 정진하라

처음 발심한 보살이 곧 부처님이다

—화엄경 60권본 | 제9권

처음 발심한 보살이 곧 부처님이다. 삼세 부처님과 평등하고, 삼세 부처님의 경계와 평등하며, 삼세 부처님의 바른 법과 평등하다. 처음 발심한 보살은 삼세 부처님과 그 법과 일체의 보살菩薩·연각緣覺·성문聲聞과 그 행行과 세간·출세간법과 중생과 그 법 등을 언제나 떠나지 않고, 오로지 깨달음을 구해 그 지혜가 걸림 없다. ✢

보살菩薩 위로는 깨달음을 구하고, 아래로는 중생을 제도하는 사람.
연각緣覺 부처님의 가르침에 의지하지 않고 스승 없이 혼자서 깨달음을 얻은 사람.
성문聲聞 부처님 가르침의 소리를 듣고 수행하는 사람. 자기의 깨달음만을 구한다.

수면과 게으름

—보리행경 | 제2권

게으름은 정진의 반대이니
독약과 같이 보아야 한다.
또한 수면을 탐하고 맛들이면 안 된다.
수면과 게으름에 빠진 것은
독사를 품고 있는 것과 같아서
없애지 않으면 반드시 해를 당하리니
서둘러서 빨리 제거하라. ✦

빨리 불법에 들어가라

—별역잡아함경 | 제5권

사람의 수명은 짧고
반드시 죽게 마련이다.
늙음과 쇠함이 침범하면
구할 수 있는 자가 없다.
그러므로 죽음을 두려워해서
빨리 불법에 들어가야 한다.

때를 놓치지 말고 부지런히 힘써라

—법구경 | 상권

늙으면 가을 나뭇잎 같으니
어찌 누추한 처지로 푸르름을 넘볼 것인가.
목숨은 죽음을 향해 내달리니
나중에 후회한들 무슨 소용 있겠는가.
목숨은 밤낮으로 줄어드니
때를 놓치지 말고 부지런히 힘써라. ❖

게으르면 미래도 헛되다

—정법염처경 | 제43권

게으름의 뜻을 일으키지 말라.
게으르면 비겁하고 나약해지니
태어나고 죽는 것 참지도 못하고
고뇌를 벗어나지도 못한다.
게을러 헛되이 살면
미래 세상에도 또한 헛되어
열반을 얻지 못한다. ✤

정진하되 완급조절을 잘하라

—증일아함경 | 제13권

 이십억이二十億耳 존자는 밤낮으로 항상 바른 법을 닦고, 열심히 정진하였다. 그러나 그는 번뇌에서 해탈하지 못하였다. 그러자 이십억이 존자는 생각하였다.

 '부처님의 제자 중에 내가 제일 열심히 정진하는데도 오늘날까지 번뇌에서 해탈하지 못하였다. 우리 집은 재산도 많으니, 차라리 환속하여 집안의 재물을 널리 보시하는 것이 낫겠다. 스님으로서 수행한다는 것은 쉬운 일이 아니다.'

 부처님께서 멀리서 이십억이가 생각하는 것을 아시고, 곧 그곳으로 가셔서 이십억이에게 물으셨다.

 "네가 출가하기 전에 거문고를 잘 탔다고 했는데, 거문고를 탈 때 거문고 줄을 너무 조이면 좋은 소리가 났느냐?"

 "아닙니다."

 "거문고 줄을 느슨하게 하면 좋은 소리가 났느냐?"

 "아닙니다."

"거문고 줄을 너무 조이지도 않고 너무 느슨하지도 않게 하면 좋은 소리가 났느냐?"

"그렇습니다. 그때는 맑고 좋은 소리가 났습니다."

"공부하는 일도 그와 같다. 너무 지나치게 정진해서도 안 되고, 게을리 해서도 안 된다. 그 중간이 최상의 행이다. 그렇게 하면 오래지 않아 곧 번뇌가 없는 사람이 될 것이다."

이십억이는 부처님의 가르침을 생각하며 수행하여 곧 깨달음을 얻었다.

부처님의 정진

―별역잡아함경 | 제9권

어떤 천신이 와서 부처님께 여쭈었다.
"부처님께서는 거센 흐름을 잘 건너셨습니까?"
"그렇다."
"거센 흐름은 깊고 넓어서 끝이 없는데, 어떻게 잘 건널 수 있었습니까?"
"내가 게을렀다면 반드시 침몰되었을 것이고, 침몰되었다면 반드시 떠내려갔을 것이다. 그러나 나는 정진하였으므로 침몰되지 않았고 떠내려가지도 않아, 그와 같이 거센 흐름을 잘 건널 수 있었다." ✦

배움에는 때가 없다

—법원주림 | 제54권

진평공晉平公이 사광師曠에게 이야기했다.

"내 나이 70세인데 지금 배우고자 하지만, 이미 저문 것이 염려되는구나."

사광이 말하였다.

"저물었으면 왜 촛불을 밝히지 않습니까? 듣건대 소년의 배움은 해가 뜰 때의 별과 같고, 장년의 배움은 한 낮의 햇빛과 같으며, 노년의 배움은 촛불의 밝음과 같다 했습니다. 촛불이 밝은데 누가 어둠 속에 있겠습니까?"

아나율의 정진

—증일아함경 | 제30권

부처님께서 대중을 위해 설법하고 계실 때, 아나율은 대중 속에서 꾸벅꾸벅 졸고 있었다. 부처님께서 아나율이 졸고 있는 것을 보시고 아나율에게 말씀하셨다.

"너는 나라의 법이나 도적이 두려워 도를 닦느냐?"

"아닙니다."

"그러면 왜 출가하여 도를 배우느냐?"

"늙음·병듦·죽음과, 근심·걱정·괴로움 등의 고통에서 벗어나기 위해 출가했습니다."

"너는 견고한 믿음으로 출가하여 도를 배우고 있다. 그런데 지금 내가 설법하는데 어찌하여 졸고 있느냐?"

"지금부터는 몸이 문드러지더라도 결코 부처님 앞에서 졸지 않겠습니다."

그러고 나서 아나율은 새벽이 되도록 자지 않았다. 며칠 동안 계속 잠을 안자니, 결국 눈이 손상되었다.

부처님께서는 아나율에게 말씀하셨다.

"너무 열심히 정진하면 조바심과 상응하고, 너무 게으르면 결박과 상응하게 된다. 너의 행동은 그 중간이어야 한다. 너는 잠을 자라. 왜냐하면 모든 법은 먹어야 존재하고, 먹지 않으면 존재하지 못하기 때문이다. 눈은 잠으로 음식을 삼고, 귀는 소리로 음식을 삼으며, 코는 냄새로 음식을 삼고, 혀는 맛으로 음식을 삼으며, 몸은 감촉으로 음식을 삼고, 뜻은 법으로 음식을 삼는다. 그리고 열반에도 음식이 있다." ✤

힘써 배워라

―법구경 | 상권

늙으면 곧 모습이 변하여
마치 낡은 수레와 같지만
법은 괴로움을 없앨 수 있으니
마땅히 힘써 배워야 한다.

아무것도 알지 못한 채
늙어버리면 숫소와 같아
다만 몸집만 크고 살만 찔 뿐
어떤 복이나 지혜도 없다.

노력을 중단하지 말라

—잡아함경 | 제10권

장인(匠人)이 도끼자루를 꾸준히 잡으면, 조금씩 점점 닳아 손가락 자국이 나타난다. 그러나 장인은 그것을 깨닫지 못한다. 이와 같이 열심히 노력하여 닦고 익히면, 오늘은 얼마쯤 번뇌가 없어지고 내일은 얼마쯤 번뇌가 없어진다고 스스로 알지 못하지만, 마침내 번뇌가 없어질 것이다. ❖

좌절하거나 포기하지 말라

—불반니원경 | 상권

과녁을 향하여 화살을 쏘면 앞에 맞는 것도 있고 뒤에 맞는 것도 있지만, 쉬지 않고 화살을 쏘면 마침내 과녁의 중앙을 맞히는 것과 같이, 게으르지 않고 잡념이 없으면 먼저 도(道)를 증득할 것이다. 또한 '아직도 도를 얻지 못했구나'라고 한탄하지 말아야 한다.

물러서는 마음을 내지 말라

—백유경 | 제2권

장자의 아들이 바다에 들어가 한 대의 수레에 가득 찰 만큼 수많은 침향을 건져냈다. 그는 침향을 시장에 팔려고 하였으나, 그것은 값비싸고 귀한 것이었기 때문에 좀처럼 사려고 하는 이가 없었다. 여러 날이 지났는데도 팔지 못하자 피곤하고 걱정이 되었다. 그때 그는 어떤 사람이 숯을 팔아 바로 돈을 받는 것을 보고 생각하였다.

'차라리 이것을 태워 숯을 만들면 빨리 돈을 벌 수 있겠구나.'

곧 그것을 태워 숯을 만들어 시장에 내다 팔았다. 그러나 반 수레의 숯 값밖에 되지 않았다.

세상의 어리석은 사람도 그와 같아서, 부지런히 정진하며 불도佛道를 구하다가 그것을 얻기 어렵다고 생각하여 곧 물러서는 마음을 내는 것과 같다.

게으름의 순간은 달콤하나 결과는 비참하다

―정법염처경 | 제46권

 게으름이란 일하지 않는 것이니, 일하지 않는 것이란 무엇인가? 해야 할 일을 시작만 하고 행하지 않아 끝을 내지 못하는 것이다. 게으른 사람은 하는 일이 나약하여 사람들의 천시와 비방을 받고 자기 스스로 괴로워하다가, 목숨이 끝난 뒤에는 지옥에 태어난다.

 그런 사람은 게으름에 파괴된 것이니, 게으름을 버려야 한다. 그것은 불이나 칼과 같고, 험한 벼랑에 떨어진 것 같으며, 사나운 독사와 같다. 게으른 사람은 지혜가 없기 때문에 아무것도 모른다. 즉 지혜와 지혜 아닌 것, 법과 법이 아닌 것, 행해야 할 것과 행하지 않아야 할 것 등을 다 모른다. 왜냐하면 경전을 읽지 않고 법을 듣지 않으며 게으르기 때문이다. 그러므로 게으름을 버리고 부지런히 정진해야 한다. ✤

게으름은 온갖 행위의 허물

—보살본행경 | 상권

부처님께서는 몸과 마음이 게을러서 부지런히 정진하지 않는 제자들을 보시고는 아난 존자에게 말씀하셨다.

"게으름이란 온갖 행위의 허물이 된다. 세속에서 게으르면 옷과 음식이 갖추어지지 못하고 가업도 일어나지 못한다. 출가해서 게으르면 생사의 고통에서 벗어나지 못한다. 모든 일은 다 정진을 말미암아 성취한다."

물방울이 돌을 뚫는 것같이 정진하라

—불수반열반약설교계경

부처님께서 말씀하셨다.

"부지런히 정진한다면 일에 어려움이 없을 것이다. 비유하면 작은 물방울이 쉬지 않고 흐르면, 마침내 돌을 뚫는 것과 같다. 게을러서 공부를 하지 않는다면, 그것은 마치 나무를 비벼 불을 내고자 할 때 나무가 뜨거워지기도 전에 쉬는 것과 같아 아무리 불을 얻고자 해도 얻지 못하는 것과 같다."

부지런히 일하라

―장아함경 | 제11권

이르다, 늦다 핑계 대며 일하기 싫어하고
춥다, 덥다 핑계 대며 게으름 피우니
하던 일은 하나도 끝맺지 못하고
다된 일도 망치네.

추위와 더위 가리지 않고
아침저녁으로 부지런히 일하면
어느 일이든 성취하여
근심 걱정 없게 되리라. ✤

정진의 열 가지 이익

―월등삼매경 | 제6권

부처님께서 말씀하셨다.
"정진하면 열 가지 이익이 있다.
첫 번째는 남이 꺾어 누르지 못하고,
두 번째는 부처님께서 거두어 주시며,
세 번째는 사람 아닌 것의 보호를 받고,
네 번째는 법을 들으면 잊지 않으며,
다섯 번째는 듣지 못했던 것을 들을 수 있고,
여섯 번째는 말솜씨가 뛰어나게 되며,
일곱 번째는 삼매를 얻고,
여덟 번째는 병이 적고 괴로움이 적으며,
아홉 번째는 잘 먹고 잘 소화되고,
열 번째는 더러운 데에 물들지 않는다."

게으르지 않아야 이룰 수 있다

—불설해의보살소문정인법문경 | 제7권

부처님께서 해의海意보살에게 말씀하셨다.

"항상 견고한 마음으로 부지런히 수행하고 쉬지 않아야 곧 아뇩다라삼먁삼보리를 얻을 수 있다. 깨달음은 정진해야 얻을 수 있는 것이다. 게으르지 않은 자라야만 보시를 행할 수 있고, 계율을 지닐 수도 있고, 정진을 일으킬 수도 있고, 선정을 닦을 수도 있고, 지혜를 모을 수도 있다. 또한 게으르지 않은 자라야만 자신도 이롭게 하고 남도 이롭게 할 수 있다."

힘들더라도 희망을 가져라

―본생경 | 제6권

희망을 가져라.
희망의 결과는 행복이니라.
저 새들까지도 언제나 바라면서
그 희망에 충만해 있으니
비록 그것은 멀고 오래더라도
끝내 희망은 이루어지리라.

9

의심 없는 수행의 길

초발심자는 의심을 내지 말라

―유마경 | 하권

처음으로 수행에 들어선 보살은 주의해야 할 두 가지가 있다.

첫째는 처음으로 심오한 경전을 듣고 놀라고 두려워 의심이 생겨서 믿지 않는 것이고, 둘째는 경전을 설하는 사람과 함께 있어도 가까이하지 않고 비방까지 하는 것이다. 그것은 스스로를 상처 입히는 것이고, 심오한 진리를 들으면서도 그 마음을 다스릴 수 없는 것이다. ✢

신심이 제일가는 보물이다

—대장엄론경 | 제2권

비록 보물이 없더라도 신심만 있다면 부자라고 할 수 있다. 만약 돈이나 재물을 모은다면, 그것은 쾌락을 위해서며, 처자식들에게 부족함이 없게 하고자 함이니, 이와 같은 즐거움은 현재의 몸만을 위한 것이다. 신심이라는 보물을 가진 이는 세세생생토록 인간과 하늘 가운데 태어나 재물을 마음대로 할 것이다. 그러므로 신심이 제일가는 보물이다.

신심은 아무런 고뇌가 없지만, 보물은 도둑맞는 근심과 재앙을 일으킬 뿐만 아니라 탐내고 집착하는 마음 때문에 고통을 받게 한다. 또한 신심이 있기 때문에 보시, 계율, 선정, 지혜의 보물도 얻을 수 있다. ✤

신심은 도의 근본이요 공덕의 어머니다

—화엄경 80권본 | 제14권

신심은 도의 근본이요 공덕의 어머니다.
모든 선한 법을 길러내며
의심의 그물 끊고 애정 벗어나
열반의 위없는 도 열어 보인다.
신심은 때가 없어
마음 깨끗하게 하며
교만을 없앤다.

자등명 自燈明 법등명 法燈明

—장아함경 | 제2권

자신을 등불로 삼고 법을 등불로 삼으며
다른 것을 등불로 삼지 말라.
자신을 귀의처로 삼고 법을 귀의처로 삼으며
다른 것을 귀의처로 삼지 말라 ❖

졸음을 쫓는 법

—수행도지경 | 제3권

졸음이 온다면 오래지 않아 죽음에 이를 것이라고 생각하고, 여러 가지 괴로움과 태어나고 죽는 괴로움을 생각하면서 손을 씻고 얼굴을 씻은 다음 사방을 본다. 밤에는 별들을 바라보면서 스스로 마음을 제어하고, 누워 잠자겠다는 생각을 하지 않는다.

그래도 졸음이 몰려온다면 일어나서 경행經行해야 한다. 마음이 안정되지 않는다면 자리를 옮겨서 밝음을 보려고 생각해야 한다. 아무리 마음속이 어두울지라도 해·달·별을 생각한다면 안팎이 환하게 될 것이다.

경행經行 조용히 걷는 것. 보통 좌선중의 피로를 덜고, 졸음을 깨기 위해 일정한 장소를 왕복하며 걷는 것을 말한다.

좌선 坐禪

―유마경 | 상권

반드시 앉아 있다고 해서 그것을 좌선이라고 할 수는 없다. 좌선이란 몸과 마음의 작용이 삼계三界에 드러나지 않는 것이다.

멸정滅定을 일으키지 않고서도 온갖 위의威儀를 나타내는 것이 좌선이고,

진리의 법을 버리지 않으면서도 세속의 일상생활을 하는 것이 좌선이며,

마음이 안으로 닫혀 있어서 고요함만을 추구하지 않고, 밖을 향하여 혼란하지 않는 것이 좌선이고,

온갖 견해에도 요동하지 않으면서도 삼십칠도품三十七道品을 닦는 것이 좌선이며,

번뇌를 끊지 않고서도 열반에 드는 것이 좌선이다.

만약 이같이 앉을 수 있는 자라면 부처님께서 인가하실 것이다.

멸정滅定 마음의 작용을 모두 멸한 선정禪定.
위의威儀 규율에 맞고 위엄이 있는 바른 동작, 행동.
삼십칠도품三十七道品 깨달음의 지혜를 얻기 위한 서른일곱 가지 수행 방법.

수식관 數息觀

—수행도지경 | 제5권

한적하고 사람이 없는 곳에 앉아 마음을 고요히 한 후, 날숨과 들숨을 헤아려 열 번까지 이르게 한다. 하나부터 둘까지 세다가 만일 마음이 어수선해지면 다시 하나부터 헤아려 열까지 이르게 한다.

이와 같이 밤낮으로, 혹은 한 달, 혹은 1년 동안 숨을 헤아려 열 번째 숨에 이를 때까지 마음이 산란하지 않게 한다.

숨을 헤아려 안정되었으면 서로 따르게 하는 수행을 해야 한다. 비유하면 어떤 사람이 걸어가면 그림자가 뒤따르듯이, 수행도 그와 같이 하여 숨이 나고 드는 것을 따라 다른 생각이 없어야 한다.

감관을 다스리는 법

—잡아함경 | 제11권

눈으로 보는 저 모습들
마음에 맞기도 하고 맞지 않기도 하다.
마음에 맞아도 탐욕을 내지 말고
마음에 안 맞아도 미워하지도 말라.

귀로 듣는 저 소리들
기억하고 싶은 것도 있고
기억하고 싶지 않은 것도 있다.
기억하고 싶어도 즐거워하며 집착하지 말고
기억하고 싶지 않아도 미워하지 말라.

코로 맡는 저 냄새들
향기롭기도 하고 지독하기도 하다.
향기에 탐욕을 내지 말고
악취에 언짢아하지도 말라.

여러 가지 음식에
맛있는 것도 있고 맛없는 것도 있다.
좋은 맛에도 탐욕을 내지 말고
나쁜 맛에도 가리지 말라.

즐거운 감촉이 몸에 부딪쳐도 빠져들지 말고
괴로운 감촉에 부딪쳐도 싫어하는 생각 내지 말라.
평등하게 괴로움과 즐거움을 버려
소멸하지 않는 것을 소멸하게 하라.

수식관을 닦는 법

—출요경 | 제17권

  수식관을 닦는 사람은 날숨과 들숨을 생각하고 분별하여, 숨길의 길고 짧은 것과 따뜻하고 찬 것을 안다. 만일 마음에 산란이 일어나면 다시 하나에서 시작하되, 머리에서 발에 이르기까지 분별하여 환히 안다. 그래도 산란이 사라지지 않으면 다시 하나에서 시작한다. 이렇게 여러 번을 되풀이해 나가면 스스로 그 마음이 궁극에 이른 것을 알아서, '나는 지금 자유로이 숨길을 잡게 되었다' 라고 생각한다.

  그래서 그 숨길을 왼쪽 귀로 내고자 하여도 뜻대로 되어 어렵지 않고, 왼쪽 귀로 들이려고 하여도 뜻대로 되며, 오른쪽 귀로 들이고 내는 것도 또한 그와 같다. 혹은 코로 들이고 내는 것도 다 뜻대로 된다. 최후로 숨길을 돌이켜 정수리로 내는 것도 뜻대로 되면 수식법數息法을 성취한 것이다. ✤

경전을 독송하는 것은
부처님께 올리는 최고의 공양

―대반열반경 | 중권

부처님께서 말씀하셨다.

"나에게 공양하여 은혜를 갚고자 하는 이는 반드시 향·꽃·기악으로 공양할 필요가 없다. 계율을 청정하게 지키고, 경전을 독송하고, 모든 법의 깊고 미묘한 뜻을 사유하면 이것이 곧 나에게 공양하는 것이다." ✣

경전을 소중히 여겨라

―불반니원경 | 상권

경전을 소중히 여겨야 한다. 진귀한 보물을 소중히 여기는 것과 같이 해야 하며, 경전을 지니는 것을 부모 모시듯 해야 한다. 사람이 살아 있는 것은 한 세상에 그치지만, 경전은 셀 수 없이 많은 세상 동안 사람을 제도하여 열반을 얻게 한다.

경전을 근거로 본말을 규명하라

—장아함경 | 제3권

경전과 계율과 법에 의거하여 본말**을 규명해야 한다. 만일 어떤 사람의 말이 경전에 있는 내용도 아니고, 계율도 아니며, 법도 아니면 그에게 이렇게 말해야 한다.

"부처님께서는 그렇게 말씀하시지 않으셨다. 그대가 잘못 들은 것은 아닌가? 왜냐하면 모든 경전과 계율과 법에 의거해 살펴보았는데, 그대가 한 말은 법과 서로 어긋나기 때문이다. 그대는 그것을 받아 지니지 말라." ✣

자기 자신을 잘 길들여라

— 법구비유경 | 제3권

부처님께서 코끼리를 길들이는 사람에게 물으셨다.

"코끼리를 길들이는 방법에는 몇 가지가 있는가?"

"세 가지 방법으로 코끼리를 길들입니다. 첫째는 단단한 쇠갈고리를 입에 걸어 고삐를 매는 것이고. 둘째는 먹이를 적게 주어 굶주리고 여위게 하는 것이며, 셋째는 몽둥이로 때려 고통을 주는 것입니다."

"그 세 가지 방법을 써서 어떤 성질을 길들이려는 것인가?"

"쇠갈고리를 입에 거는 것은 억센 성질을 제어하려는 것이고, 먹이를 적게 주는 것은 함부로 날뛰는 몸을 제어하려는 것이며, 몽둥이로 때리는 것은 그 마음을 항복받으려는 것입니다."

"왜 그와 같이 훈련시키는가?"

"왕이 안전하게 타시기 위함이고, 또 전쟁터에서 날쌔게 나가고 물러나기 위해서입니다."

"그렇게 코끼리를 잘 길들일 뿐만 아니라, 자기 자신도 잘 길들여야 한다. 나도 세 가지 법으로 중생을 제도하고, 또 내 자신도 다루어 무위無爲의 경지에 이르게 되었다. 첫째는 입을 제어하는 것이고, 둘째는 인자함과 꿋꿋함으로써 거센 몸을 항복받는 것이며, 셋째는 지혜로써 어리석음을 없애는 것이다."

무위無爲 만들어진 것이 아닌 것. 현상을 떠난 절대적인 것.

하나를 심으면 열이 생긴다

— 구잡비유경 | 상권

사위성 밖에 어떤 부인이 살았는데, 그녀는 깨끗한 믿음과 계행을 갖추고 있었다. 어느 날 부처님께서 걸식하러 오시자, 그녀는 부처님 발우에 밥을 담고 물러나 예배하였다. 부처님께서 말씀하셨다.

"하나를 심으면 열이 생기고, 열을 심으면 백이 생기며, 백을 심으면 천이 생긴다. 이리하여 만이 생기고, 억이 생겨나서 진실한 도를 깨달을 수 있다."

불법을 믿지 않는 남편이 잠자코 부처님의 축원을 듣고 있다가 여쭈었다.

"부처님의 말씀은 어찌 그리 지나치십니까? 겨우 한 발우의 밥을 보시했는데 어떻게 그러한 복을 받고 도를 깨달을 수 있겠습니까?"

부처님께서 말씀하셨다.

"니구류^{尼拘類} 나무의 높이는 얼마인가?"

"높이는 40리요, 해마다 수만 섬의 열매를 땁니다."

"그 씨는 얼마만한가?"

"겨자만합니다."

"씨를 한 되쯤 심었는가?"

"씨 하나를 심었을 뿐입니다."

"그대 말이 어찌 그리 지나친가? 겨자만한 씨 하나를 심어 어떻게 그 높이가 40리가 되며, 해마다 수만 섬의 열매를 따겠는가?"

"진실로 그러합니다."

"땅의 갚음도 그러하거늘, 하물며 정이 있는 사람이겠는가. 부처님에게 한 발우의 밥을 올린 복은 매우 커서 이루 다 헤아릴 수 없다."

경전을 써서 얻는 이익

—불설보요경 | 제8권

경전을 쓰면 여덟 가지 큰 창고를 얻을 것이다.

첫째 뜻의 창고를 얻어 잊어버리는 일이 없고,

둘째 마음의 창고를 얻어 무엇이나 알아 경전의 법을 분별하며,

셋째 가고 오는 창고를 얻어 부처님의 경법을 두루 알고,

넷째 총지總持의 창고를 얻어 들은 것을 잘 기억하며,

다섯째 변재辯才의 창고를 얻어 경전을 설하면 사람들이 모두 기뻐하고,

여섯째 법의 창고를 얻어 바른 법을 수호하며,

일곱째 뜻대로 되는 법의 창고를 얻어 불·법·승의 가르침을 끊어지지 않게 하고,

여덟째 법의 창고를 봉행해 무생법인無生法忍을 얻는다. ✤

총지總持 다라니. 진언眞言.
변재辯才 말을 잘하는 재능.
무생법인無生法忍 불생불멸不生不滅의 진리를 깨닫고 다시 미혹의 세계로 추락하지 않는 경지.

몸과 입과 뜻으로 착한 일을 닦아라

—별역잡아함경 | 제5권

노인이 부처님께 말하였다.

"저는 지금 늙고 기력이 다했습니다. 옛날부터 온갖 나쁜 짓만 했을 뿐, 복을 짓거나 착한 일을 하지 않았으며, 또 구원받는 법도 행하지 못했습니다. 저를 위하여 법을 말씀해 주셔서 저의 목숨이 끊어지면 구원받을 집과 귀의할 곳과 도피할 곳이 있게 해주시옵소서."

부처님께서 말씀하셨다.

"세상은 늙음과 질병과 죽음 때문에 치열하다. 따라서 몸과 입과 뜻으로 착한 일을 행해야 한다. 그러나 그대는 착한 일을 전혀 하지 않았다. 지금이라도 몸과 입과 뜻으로 착한 일을 한다면, 그것이 바로 노인의 건너는 배이고, 더 나아가서는 죽을 때에 구원받을 집과 귀의할 곳과 도피할 곳이 될 것이다."

의심하지 말고 믿어라

— 화엄경 10권본 | 제2권

누구라도 가장 높은 이 법고
성불하려는 마음 굳으면
의심하지 말고 꼭 믿어라.
부처님의 큰 지혜를 얻게 될 것이다. ✤

자기부터 바로잡아라

—법집요송경 | 제2권

먼저 스스로 제 몸부터 바로잡고
그런 다음에 다른 사람을 바로잡아라.
만일 스스로 제 몸을 바로잡아서
침노하지 않으면 참 지혜라 한다.

스스로 닦기를 힘써
가르침을 따라야 한다.
자신도 가르침을 받지 않으면서
어찌 남을 가르칠 수 있겠는가.

많이 외우는 것은 중요하지 않다

―증일아함경 | 제22권

어느 날 목련 존자와 아난 존자는 누가 경을 큰소리로 잘 외우는지 시합하였다. 이것을 아시게 된 부처님께서 두 사람을 불러서 물으셨다.

"너희들은 지금 시합을 하고 있었느냐?"

"그렇습니다."

"내가 언제 서로 시합하고 경쟁하는 것을 가르쳤더냐? 그런 행동은 다른 사람들과 다를 것이 없지 않느냐?"

이렇게 꾸짖으신 뒤에 게송으로 말씀하셨다.

많이 외운다고 이익될 것 없으니
잘 외운다고 훌륭한 것이 아니다.
목동이 주인의 소를 아무리 많이 세어도
자기 소는 한 마리도 없는 것과 같다.
적거나 많거나 외우고 익혀
법대로 살아가는 것이
가장 훌륭한 수행자의 태도이다.
천 권의 책을 외운다 해도
뜻을 알지 못하면 무슨 이익이 있겠느냐.
차라리 한 구절 알고 도를 깨우침만 못하다. ✤

스승 앞에서 자만심을 내지 마라

―백유경 | 제3권

뱀의 꼬리가 머리에게 말하였다.

"이제부터는 내가 앞에서 가야겠다."

머리가 꼬리에게 말하였다.

"내가 언제나 앞에서 갔는데 갑자기 왜 그러느냐?"

예전대로 머리가 앞에서 가자, 꼬리가 나무를 감고 가지 못하게 하였다. 그러고는 꼬리가 앞에서 가다가 불구덩이에 떨어져 타 죽었다.

스승과 제자도 그와 같다. 제자들이 말하기를 "스승은 이제 늙었으니, 우리가 길잡이가 되어야 한다" 하고는 자만심을 내지만, 젊은 제자들은 계율에 익숙하지 못해 항상 계율을 범하다가, 서로 이끌고 지옥으로 들어가고 만다. ✢

유비무환

—대장엄론경 | 제8권

미리 잘 관(觀)하지 못한 자는 다섯 가지 감관을 다스릴 수 없으므로 죽을 때 마음을 억제하기 어렵다.

창고 안에 갑옷과 무기를 닦아두지 않으면 적군과 싸울 때 무기가 낡아 부서지는 것처럼, 마음을 닦아두지 않으면 목숨이 끝날 때에도 또한 그러하다. ✢

10

자비심이 충만한 리더가 되자

쉽게 화를 내고 경솔하지 말라

―백유경 | 제1권

어떤 사람이 여러 사람들과 함께 방안에 앉아서 밖에 있는 사람에 대하여 말하였다.

"그 사람은 훌륭하지만, 두 가지 허물이 있다. 첫째는 화를 잘 내는 것이요, 둘째는 경솔한 것이다."

때마침 그 사람이 밖에서 이 말을 듣고 화가 나서 방에 들어가, 말한 사람을 주먹으로 때렸다. 곁에 있던 사람이 물었다.

"그 사람을 왜 때리는가?"

"내가 언제 화를 잘 내고 경솔했다고, 그런 말을 하는가? 그래서 때린 것이다."

"그대는 방금 벌컥 화내고 경솔한 행동을 보이지 않았는가?"

성냄의 가시를 제거해라

—대장엄론경 | 제2권

 어떤 사람이 길가에서 고행하는 시늉을 했다. 사람이 있을 때는 가시덤불 위에서 상처를 내며 뒹굴다가 아무도 없을 때는 평평한 곳에 있었다.

 이것을 본 사람이 비꼬아 말하였다.

 "그대는 가시덤불 위에 가만히 누워 있어도 될 텐데, 어찌하여 온몸에 많은 상처를 내는가?"

 이 사람은 그 말을 듣고 나서 매우 화를 내며 전보다 더 심하게 가시덤불 위에서 이리저리 뒹굴었다.

그때에 다른 사람이 말하였다.

"작은 가시덤불 위에서 몸을 뒹굴다가 이제는 성냄의 가시로 자신을 찌르는구나. 가시덤불에 찔리는 것은 상처가 작지만 탐욕과 성냄에 찔리는 것은 깊고도 예리하네. 가시덤불에 뒹군 그 고통은 한 세대에 그치지만, 탐욕과 성냄에 찔린 고통은 한량없는 세상의 몸에까지 미치네. 가시에 찔린 상처는 쉽게 없어지지만 탐욕과 성냄에 찔린 상처는 몇 겁이 지나도 낫지 않네. 그대는 깊고도 독한 가시를 빨리 제거해야 하네."

리더는 자애로운 마음을 지녀야 한다

―잡아함경 | 제46권

부처님께서 제자들에게 말씀하셨다.

"과거 세상에 하늘 군대와 아수라 군대가 싸웠는데, 아수라 군사가 이기고 하늘의 군사는 패망하여 흩어지게 되었다. 수미산 아래에 우거진 숲이 있었는데, 그 숲 속에는 금시조 둥지가 있었다. 그 둥지에는 금시조 새끼들이 있었다.

그때 하늘의 왕인 제석천왕이 군사들과 지나가다가 그 새끼들을 밟아 죽일까 걱정이 되어 군사에게 말하였다.

'수레를 돌려라. 금시조 새끼를 죽이지 말라.'

'아수라 군대가 뒤에서 쫓아오고 있습니다. 만일 되돌아가면 그들에게 당할 것입니다.'

'차라리 되돌아가다가 아수라에게 죽게 될지언정 새들을 밟혀 죽게 할 수는 없다.'

하늘 군대는 어쩔 수 없이 수레를 돌렸다. 아수라 군대는 멀리서 하늘의 군대가 되돌아오는 것을 보고, 전술의 책략을 쓰는 것이라고 생각하고 깜짝 놀라 곧 후퇴하여 흩어졌다."

부처님께서 이 일을 말씀하신 뒤에 다시 덧붙여 말씀하셨다.

"제석천왕은 자애로운 마음을 지녔기 때문에 그 힘으로 아수라의 군대를 항복받았다. 너희들도 항상 자애로운 마음을 지녀야 한다." ✣

자비심으로 대하라

—잡아함경 | 제32권

부처님께서 손톱 위의 흙을 가리키면서 제자들에게 말씀하셨다.

"내 손톱 위의 흙이 많으냐? 이 대지의 흙이 많으냐?"

제자들이 대답하였다.

"손톱의 흙은 매우 적지만, 이 대지의 흙은 헤아릴 수 없이 많습니다."

"이와 같이 일체 중생에 대해 자비심을 일으키는 자는 손톱의 흙만큼 적고, 또 일체 중생에 대해 자비심을 일으키지 않는 자는 대지의 흙만큼 많다. 부디 일체 중생에게 항상 자비심으로 대하여라."

자비로 분노를 다스려라

—정법염처경 | 제1권

성내는 마음은 우박과 같아서 잘 익은 곡식들을 못 쓰게 만드니, 오직 바른 지혜의 눈만이 그 어둠을 다스릴 수 있다. 성내는 마음은 불과 같아서 모든 계율을 부순다. 성을 내면 얼굴빛이 변하며, 그것은 추한 모습의 원인이 된다.

분노는 큰 도끼와 같아서 법의 다리를 부순다. 마음속에 머무르면 마치 원수의 집에 들어간 것처럼 불안해진다. 그리고 그것은 한결같은 마음과 바른 행을 모두 부숴 버린다.

성내는 마음을 버려라. 자비로 그것을 다스려라.

평등한 마음으로 베풀라

―수행도지경 | 제2권

자비를 베풀 때는
평등한 마음으로
미워함과 사랑함,
친함과 친하지 않음을
따지지 않아야 한다. ✤

채찍을 함부로 들지 말라

—본생경 | 제8권

왕이 칼을 생각 없이 휘두르고
무리하게 채찍을 쓰면
명예도 떨어지고 목숨도 잃으며
이 세상 벗어나도 나쁜 세계에 가리라.

만일 성인의 말한 법을 좋아하고
말과 뜻과 행동이
고요하고 평온하게 안정될 때는
두 세계를 무사히 건너리라. ✣

현명한 리더는 다투지 않는다

—잡아함경 | 제40권

아수라왕이 말하였다.

"내가 싸우지 않고 참는다면, 어리석은 사람들은 내가 잘못한 일이 있어 두렵기 때문에 참는 것이라고 말할 것이다."

제석천왕이 말하였다.

"어리석은 사람들이 그와 같이 말하든 말든, 그것이 바른 이치와 무슨 상관있는가? 그저 자기 주장과 남의 주장을 살펴보아 양쪽이 모두 평화로움을 얻는다면 이것이야말로 가장 현명한 참음 아니겠는가?"

아수라왕이 다시 말하였다.

"사나운 소가 사람을 받으려 할 때 몽둥이를 들어 억지로 길들이듯이, 어리석은 이는 무서운 매로 잘 다스려야 한다."

제석천왕이 말하였다.

"나는 언제나 이치를 관찰하여 어리석은 이를 다스린다. 울화가 치밀어도 자기를 잘 참아서, 유능한 마부가 달리는 말을 멈추듯이 한다."

부처님께서 이 일을 두고 다음과 같이 말씀하셨다.

"아수라왕의 말은 계속 싸움을 불러올 것이고, 제석천왕 말은 영원히 싸움을 멈추게 할 것이다." ✽

어리석은 왕의 횡포

—백유경 | 제1권

어떤 사람이 왕의 잘못된 정치에 대해 말하였다.

"왕은 매우 포악하여 나라를 다스리는 데 있어 도리가 없다."

왕은 그 말을 듣고 매우 화가 났다. 그런 말을 한 자를 당장 잡아들이게 했다. 그런데 왕은 자세히 조사해 보지도 않고 아첨하는 사람의 말만 믿고 어진 신하를 잡아다가 백 냥 정도의 등살을 베어내었다.

어떤 사람이 그 사람은 그런 말을 하지 않았다고 증명하자, 왕은 곧 뉘우치고 천 냥 정도의 살을 구해 그의 등에 보충하게 하였다. 한밤이 되자 어진 신하는 신음하며 매우 괴로워하였다. 왕은 그 소리를 듣고 물었다.

"왜 그리 괴로워하는가? 그대에게서 백 냥 정도의 살을 베어냈지만, 나는 그 열 배를 주었다. 그래도 만족스럽지 않은가?"

곁에 있던 사람이 대답하였다.

"만일 대왕의 아들 머리가 베였다면 아무리 천 개의 머리를 얻는다 하더라도 그 아들은 다시 살아날 수 없습니다. 그와 같이 비록 열 배의 살을 얻었지만 고통을 면할 수 없습니다."

어리석은 사람도 이와 같아서 뒷세상을 두려워하지 않고 현재의 쾌락을 탐하여, 사람들을 괴롭히고 백성들의 많은 재물을 빼앗으면서도 죄가 소멸되고 복의 과보를 받기를 바란다. 그러나 이것은 마치 저 왕이 사람의 등살을 베어내고 다른 살로 보충하려는 것과 같다. ✤

국왕이 부처님을 만나 출가한 인연

— 찬집백연경 | 제1권

어떤 두 국왕이 전쟁을 일으켜 많은 백성들을 해치고 고통에 허덕이게 하였다. 그때 바사닉왕은 그것을 보고 부처님께 말씀드렸다.

"두 왕이 항상 전쟁을 일으켜 화해할 줄 모르고 많은 백성들만 죽게 되니, 부처님께서 저 두 왕을 화해시켜 서로 싸우지 못하게 하시옵소서."

부처님께서는 곧 허락하시고 녹야원으로 가셨다. 그때가 바로 두 왕이 군사를 집합시켜 전투를 시작할 무렵이었는데, 그 중의 한 왕이 겁을 먹고는 물러나 부처님에게로 갔다.

부처님께서 그 왕을 위해 무상게無常偈를 말씀해 주셨다.

　　높다는 것도 언젠가는 떨어지고
　　있다는 것도 언젠가는 없어지며
　　태어난 자도 언젠가는 죽고
　　모이는 자도 마침내 흩어지네.

　왕은 부처님의 게송을 듣고 나서 곧 마음이 열리고 뜻을 이해하게 되어 깨달음을 얻었다. ✢

리더쉽

— 증일아함경 | 제8권

백성들이 모두 괴로움을 받는 것은
왕의 법이 바르지 못하기 때문이다.
나쁜 법 행하면
백성들도 따라서 그러하다.
마치 소떼가 물을 건널 때처럼
길잡이 소가 바르게 가면
뒤따르는 소도 모두 바르게 가니
길잡이 소를 따라가기 때문이다.
대중들에게는 반드시 길잡이가 있으니
길잡이가 바른 법을 행하면
그 뒤를 따르는 이들은 말할 것도 없다. ✤

11

모든 것은 인연 따라 일어난다

이것이 있기 때문에 저것이 있다

—잡아함경 | 제13권

이것이 있기 때문에 저것이 있고,
이것이 생기기 때문에 저것이 생긴다.
이것이 없기 때문에 저것이 없고,
이것이 멸하기 때문에 저것이 멸한다. ✣

눈먼 거북이 구멍 뚫린 나무판자를
만나는 것처럼

―잡아함경 | 제15권

부처님께서 아난에게 말씀하셨다.

"큰 바다에 눈먼 거북이 살았는데, 그 거북은 백 년에 한 번씩 머리를 바닷물 밖으로 내민다. 그런데 바다에 구멍이 하나뿐인 나무판자가 파도에 밀려 떠다닌다고 할 때, 저 눈먼 거북이 백 년에 한 번 머리를 내밀면 그 구멍을 만날 수 있겠느냐?"

아난이 부처님께 말하였다.

"불가능합니다. 그것은 참으로 어려운 일입니다."

부처님께서 다시 아난에게 말씀하셨다.

"눈먼 거북과 나무판자는 어긋나다가도 혹 서로 만나기도 할 것이다. 그러나 어리석고 미련한 사람이 오취五趣에 표류하다가 잠깐이나마 사람의 몸을 받는 것은 그것보다 더 어렵다. 왜냐하면 법을 행하지 않고, 선善을 행하지 않으며, 진실을 행하지 않고, 서로 죽이고 해치며, 강한 자는 약한 자를 업신여기고 한량없는 악惡을 짓기 때문이다."

오취五趣 지옥·아귀·축생·인간·하늘 세계.

갈대의 비유

—잡아함경 | 제12권

세 개의 갈대를 땅에 세울 때, 서로 의지해서 세워야 쓰러지지 않는다. 만일 하나를 빼버리면 둘도 서지 못하고, 만일 둘을 빼버리면 하나도 서지 못한다. ✣

과보는 되돌아온다

―법구경 | 상권

남을 때리면 나도 맞게 되고
남을 원망하면 나도 원망을 받는다.
남을 꾸짖으면 나도 꾸짖음 받고
남에게 성내면 나도 성냄 받는다.

세상 사람들 아는 것 없고
바른 법을 알지 못하며
이 세상에 태어나 얼마 살지도 못하는데
어찌하여 나쁜 일만 골라서 하는가.

재앙이 없을 것이라 하여
조그만 악*도 가볍게 여기지 말라.
방울방울 떨어지는 물이 작을지라도
쌓이고 쌓여 큰 그릇을 채운다.
이 세상에 가득한 죄도
조그만 죄가 쌓여 이루어진 것이다.

인과응보 因果應報

—중아함경 | 제3권

부처님께서 말씀하셨다.

"자기가 지은 업*에 따라 그 과보를 받는다. 만일 어떤 사람이 착하지 않은 업을 지으면 반드시 괴로움의 결과를 받는다. 몸을 닦지 않고, 계율을 지키지 않으며, 마음을 닦지 않고, 지혜를 닦지 않으면 그 수명이 아주 짧아진다."

선업 善業

―밀린다왕문경

밀린다왕이 나가세나 스님에게 물었다.

"백 년 동안 악행을 하였더라도 죽을 때 한 번만 부처님을 생각한다면 천상에 태어날 수 있다고 들었지만, 나는 그것을 믿지 않습니다. 또 살생을 단 한 번 하였더라도 지옥에 떨어질 것이라고 들었지만, 역시 그것도 믿지 않습니다."

"대왕은 어떻게 생각합니까? 조그마한 돌멩이가 배 없이 물 위에 뜰 수 있습니까?"

"뜰 수 없습니다."

"백 대의 수레에 실을 만한 바위를 배에 싣는다면 물 위에 뜰 수 있습니까?"

"물 위에 뜰 수 있습니다."

"선업善業을 그 배와 같이 생각하십시오."

"잘 알겠습니다."

종자에 따라 그 과보 얻듯이

—별역잡아함경 | 제3권

사람은 스스로 지어서
스스로 과보를 받는다.
착한 일 하면 착한 과보를 받고
악한 일 하면 악한 과보를 받는다.

비유하면 종자를 심는 것과 같으니
종자에 따라 그 과보 얻듯이
괴로움의 종자 심으면
나중에 저절로 받으리라. ✤

자신이 만드는 것

―불설광명동자인연경 | 제4권

검은 업의 인(因)을 지으면 반드시 검은 업의 과보를 받고, 흰 업의 인을 지으면 반드시 흰 업의 과보를 받는다. 이것은 모두 자신이 만드는 것이다. ✤

남을 깔보고 가르치지 않은 과보

—법구비유경 | 제3권

5백 명의 스님들이 한 사원에서 항상 경전을 읽고 도를 닦았다. 그 가운데 마하로라는 늙은 스님이 있었는데, 우둔하고 어리석었다. 다른 스님들이 돌아가면서 가르쳤으나, 여러 해 동안 한 게송도 외우지 못하였다. 여러 사람들은 그를 업신여겨 같이 어울리지 않았고, 항상 절을 지키면서 청소나 하게 하였다.

어느 날 마하로 스님은 생각하였다.

'나는 우둔하고 멍청하여 게송 하나도 외우지 못하므로 남의 천대를 받는다. 살아서 무엇하겠는가?'

그러고는 뒷동산 큰 나무 밑으로 가서 목을 매어 자살하려 하였다.

부처님께서 멀리서 그것을 보시고 나무 신으로 변화하여 말하였다.

"쯧쯧, 왜 그런 짓을 하려고 하느냐?"

마하로 스님은 마음속에 있는 괴로움을 모두 하소연하였다.
　변화한 나무 신이 꾸짖어 말하였다.
　"그런 짓을 하지 말라. 과거에 너는 5백 명의 제자를 거느리고 있으면서, 스스로 지혜가 많다고 생각하여 남을 업신여겨 경전의 이치를 남에게 가르쳐주지 않았었다. 그래서 세상에 태어날 때마다 우둔하게 된 것이다. 그러니 제 자신을 탓해야 하거늘, 왜 스스로 몸을 해치려 하는가?"

잃어버리지 않는 복

—구잡비유경 | 상권

어떤 여인이 항상 "나는 잃은 것이 없다"고 하였다. 그래서 그 아들은 일부러 어머니의 반지를 몰래 물속에 던져 버리고 어머니에게 가서 물었다.

"금반지를 어찌하였습니까?"

여인은 말하였다.

"나는 잃어버린 것이 없다."

뒷날 그 여인은 목련 존자와 아나율 존자와 가섭 존자를 청하여 공양하기로 하였다. 그래서 하인을 시장에 보내어 생선을 사오게 했다. 여인은 생선을 요리하다가 생선의 배 안에서 그 잃어버린 금반지를 발견하고는, 아들에게 말하였다.

"나는 잃어버린 것이 없다."

아들은 매우 기뻐하면서 부처님께 나아가 여쭈었다.

"저의 어머니는 무슨 인연으로 이와 같이 잃어버리지 않는 복이 있습니까?"

"옛날 어떤 선인이 산 북쪽에 살았다. 추운 겨울이 되어 사람들은 모두 산 남쪽으로 옮겨갔지만, 그에게는 늙은 홀어머니가 있었고 또 가난하여 갈 수가 없었다. 그 어머니는 그곳에 남아 있으면서 사람들의 물건 등을 잘 챙겨두었다가 봄이 되어 사람들이 돌아왔을 때, 그 물건 하나하나를 모두 주인에게 돌려주었다. 그래서 사람들은 모두 기뻐하였다. 그때의 그 홀어머니는 바로 지금의 네 어머니이다. 전생에 여러 사람들의 물건을 잘 보호하였기 때문에 그런 잃어버리지 않는 복을 얻은 것이다."

편안하게 늙는 법

—별역잡아함경 | 제12권

어떤 천자가 부처님께 여쭈었다.

어떻게 해야 잘 늙고
어떻게 해야 편안하게 머무릅니까?
어떤 것이 제일가는 보배고
어떤 물건을 도적이 훔쳐가지 못합니까?

부처님께서 게송으로 대답하셨다.

계율을 지녀야 잘 늙고
믿음을 가져야 편안하게 머무른다.
지혜 있는 사람이 제일가는 보배고
자신의 복덕은 도적도 훔쳐가지 못한다. ✤

개미를 구제하고 수명이 길게 된 인연

―잡보장경 | 제4권

어떤 스님에게 한 제자가 있었다. 스님은 그 제자가 7일 뒤에 목숨을 마칠 것을 알고, 제자를 집에 보내면서 7일이 지나거든 돌아오라고 하였다.

제자는 집으로 돌아가는 도중에 개미들이 물에 휩쓸려 떠내려가는 것을 보았다. 그는 곧 가사를 벗어 거기에 흙을 담아 물을 막고, 개미들을 집어 마른 땅에 올려놓아 모두 살려내었다.

7일이 되어 그는 스님에게로 돌아갔고, 7일이 지나도 죽지 않았다. 스님은 이상하게 여겨 선정에 들어 관찰하다가, 그가 다른 복은 없는데 개미를 구해준 일이 있음을 알게 되었다.

아내 덕분에 지옥을 면한 남편

— 경률이상 | 제45권

어떤 사람이 부처님을 믿지 않았으나, 그의 아내는 매우 신심이 깊었다. 어느 날 아내는 남편에게 말하였다.

"사람의 목숨은 덧없어서 복과 덕을 닦아야 합니다."

그러나 남편은 믿을 마음이 없을 뿐 아니라 게을렀다. 아내는 남편이 죽어서 지옥에 가게 될까 걱정이 되어 한 가지 방책을 세워 말하였다.

"문 위에 방울 하나를 달아 놓겠습니다. 당신이 나가고 들어올 때에 방울이 울려서 소리가 나면 '부처님께 귀의합니다南無佛' 하고 말하십시오."

"좋소."

남편은 매일 이렇게 하며 지내다가 목숨을 마치고는 지옥의 가마솥 근처로 가게 되었다. 그때 다른 사람이 가마솥에 던져질 때 소리가 나자, 남편은 이를 방울 소리로 생각하고 "부처님께 귀의합니다" 하고 말하였다. 지옥의 옥관獄官이 남편의 소리를 듣고는 말하였다.

"이 사람은 부처님을 받들었구나."

그러고는 남편을 놓아주어, 남편은 다시 사람으로 태어났다. ✦

아귀가 된 장자 부인

―찬집백연경 | 제5권

어떤 아귀가 있었는데, 몸은 촛대처럼 마르고 배는 큰 산처럼 부풀었으며, 목은 바늘처럼 가늘고 머리털은 송곳처럼 뾰족하여 온몸을 마구 찔러 상처투성이였다. 항상 배가 고파 사방을 돌아다니면서 똥·오줌을 구해 먹으려고 해도 얻어먹지 못했다.

그때 목련 존자가 이 아귀를 보고 부처님께 여쭈었다.

"저 아귀는 어떤 업(業)이 있어서 저러한 고통을 받는 것입니까?"

부처님께서 말씀하셨다.

"오랜 옛적에 현선(賢善)이란 장자가 있었는데, 천성이 온화하며 삼보(三寶)를 믿고 항상 보시하기를 좋아했다. 어떤 스님이 그 집에 걸식하러 왔는데, 그때 그 장자는 급한 용무가 있어 나가면서 부인에게 당부하였다.

'당신이 나 대신 스님에게 정성껏 음식을 보시하시오.'
'염려하지 마세요. 제가 잘 알아서 하겠습니다.'

그러나 장자의 부인은 문득 인색하고 탐욕스러운 마음이 일어나 '지금 음식을 보시한다면 나중에 또 올 것이다'라고 생각하였다. 그러고는 곧 스님을 불러 집안으로 들어오게 하여 빈방에 가두고서 해가 저물도록 음식을 주지 않았다.

그때 장자의 부인이 바로 지금의 저 아귀이다. 이 업으로 한량없는 시간 동안 항상 아귀세계에 떨어져 그러한 고통을 받는 것이다. 그러므로 언제나 부지런히 보시하되, 인색하고 탐욕스러운 마음을 내지 않아야 한다." ❖

삼보三寶 부처님佛, 부처님의 가르침法, 승가僧를 말한다.

흙 한 줌을 보시한 아이들의 공덕

—현우경 | 제3권

부처님께서 아난과 함께 걸식하러 가시는 도중에 아이들이 소꿉장난하는 것을 보셨다. 아이들은 흙으로 집과 창고를 짓고 곡식을 만들었다. 한 아이가 멀리서 부처님의 모습을 바라보고 부처님께 보시하고 싶은 마음이 생겼다. 그 아이는 곡식이라 이름 지은 흙을 한 줌 쥐어 부처님께 보시하려 하였다. 그러나 키가 작아 보시하지 못하자, 다른 아이 어깨에 올라서서 부처님께 흙을 바쳤다. 부처님께서는 발우를 낮추고 머리를 숙여 그것을 받아 아난에게 주시면서 말씀하셨다.

"이것을 가지고 가서 내 방바닥을 발라라."

아난은 그 흙으로 부처님 방바닥을 발랐다.

부처님께서 말씀하셨다.

"조금 전에 한 아이가 기쁘게 흙을 보시하여 내 방 한 귀퉁이를 발랐다. 그 아이는 그 공덕으로 내가 열반하고 나서 백 년 뒤에 국왕이 될 것이고, 어깨를 빌려준 아이는 대신이 되어 불법을 수호하며 나라를 다스릴 것이다."

모래탑을 세운 아이들의 공덕

—법화경 | 제1권

아이들이 장난삼아
흙모래로 탑을 세웠어도
모두 성불했고

여러 불상 세우거나
부처님 상 조각한
이들도 성불했네.

이와 같이 여러 사람들
공덕을 점점 쌓아
큰 자비심 갖추어
모두 성불했네. ✢

지은 대로 드러난다

—보살본연경 | 중권

어리석고 가난한 농부가 어느 날 처갓집에 갔다. 처갓집에는 마침 사람이 없었다. 그는 곧 처갓집의 쌀을 훔쳐서 입에 가득히 넣고 아직 삼키지 못했는데, 처가 식구들이 들어왔다. 그는 부끄러워서 삼키지도 못하고 뱉어 버리지도 못하고 있으니 처가 식구들이 물었다.

"어디가 아프기에 이러는가?"

그는 듣고도 말을 못하였다. 그러자 처가 식구들이 곧 의사를 불러 진찰하게 하였다. 의사는 그의 두 볼이 돌처럼 딱딱하게 부은 것을 보고는 곧 칼로 이 사람의 두 볼을 째었다. 그 안에는 고름도 없었고 다만 생쌀이 가득히 들어 있는 것이 보였다.

이와 같이 모든 죄를 덮어 감추려 하지만 업보가 익어 세상에 드러나는 것이다. ✤

12

대승경전 속의 찬탄과 비유

관세음보살의 위신력 威神力

—법화경 | 제7권

　한량없이 많은 사람들이 여러 가지 고통을 당할 때에 관세음보살의 이름을 일심으로 부르면, 관세음보살이 그 음성을 들으시고 그들을 모두 고통에서 벗어나게 한다.

　만일 어떤 이가 관세음보살의 이름을 부르면, 큰 불속에 있더라도 불이 그를 태우지 못할 것이니, 관세음보살의 위신력 때문이다. 혹은 큰물에 떠내려가도 그 이름을 부르면 곧 얕은 곳에 이르게 되며, 혹은 수많은 사람들이 보배를 구하려고 바다에 갔으나 폭풍이 일어 표류했을 때, 그 중에 한 사람이라도 관세음보살의 이름을 부르는 이가 있으면 모두 그 어려움으로부터 벗어날 수 있다.

　또 어떤 사람이 해를 입게 되었을지라도 관세음보살의 이름을 부르면, 상대방이 가진 흉기가 곧 조각조각 부서져 위험으로부터 벗어날 수 있으며, 혹은 악귀들이 사람들을 괴롭히려 하더라도, 관세음보살의 이름만 부르면 여러 악귀가 해칠 수 없게 된다. ✤

법화경의 일곱 가지 비유

1. 불타는 집*火宅*의 비유
—법화경 | 제2권

 어느 나라의 한 마을에 재산이 매우 많은 장자가 살았다. 그런데 어느 날 집에 큰불이 났다. 장자는 무사히 나왔지만, 장자의 어린 자식들은 불타는 집에서 장난하고 노느라고 나오지 못했다. 장자는 자식들에게 빨리 나오라고 소리쳤으나, 아이들은 노는 데에만 정신이 팔려있었다.

 그때 장자는 생각하였다.

 '불길이 맹렬해지고 있으니, 아이들이 지금 나오지 않으면 불에 타 죽게 되리라. 내가 이제 방편으로 아이들을 구해 내리라.'

아버지는 자식들에게 말하였다.

"너희들이 평상시에 갖고 싶어 했던 장난감이 여기에 있다. 지금 가지지 않으면 나중에 후회할 것이다. 여러 가지 양 수레^{羊車}, 사슴 수레^{鹿車}, 소 수레^{牛車} 등이 대문 밖에 있으니, 너희들은 불타는 집에서 빨리 나와 가져라."

아이들은 매우 좋아하며 서로 밀치면서 그 불타는 집에서 뛰쳐나왔다.

부처님도 이와 같이 불타는 미혹한 세계에서 중생을 벗어나게 하시려고 양 수레, 사슴 수레, 소 수레, 즉 삼승^{三乘}의 가르침을 설하셨다. ✤

삼승三乘 성문승聲聞乘, 연각승緣覺乘, 보살승菩薩乘. 승乘이란 사람을 태워 깨달음에 이르게 하는 수단으로서의 가르침을 말한다.

법화경의 일곱 가지 비유
2. 가난한 아들^{窮子}의 비유
―법화경 | 제2권

어떤 사람이 어렸을 적에 아버지를 버리고 집을 나가 다른 지방에서 살았는데, 나이가 들어서도 매우 가난하였다. 그의 아버지는 오랫동안 아들을 찾아다녔지만, 만나지 못해 늘 마음속으로 한탄하였다.

'늙고 자식은 없으니 이제 죽게 되면, 창고마다 가득한 재물을 누구에게 줄 것인가?'

한편 가난한 아들은 품팔이를 하며 이리저리 다니다가 우연히 아버지가 사는 집에 이르러 멀리서 그를 보았다. 그는 비싼 보배로 몸을 장식하였고, 하인들이 좌우에서 모셨다. 가난한 아들은 그가 아버지인 것도 모르고, 큰 세력을 가진 사람인 줄만 알고 곧 두려워하며 그곳에 온 것을 후회하였다.

'저 사람은 아마 왕이거나 혹은 왕족이리라. 내가 구걸할 곳이 아니다. 만일 여기 오래 머물렀다가는 붙들려가 강제로 일하게 될지도 모른다.'

이때 아버지는 자기 아들을 알아보고 크게 기뻐하며

하인에게 그를 데려오도록 하였다. 그러나 아들은 '나는 아무 죄도 없이 죽게 되는구나'라고 생각하고는 기절해 버렸다. 아버지는 멀리서 그 모습을 보고 하인에게 말하였다.

"그 사람을 억지로 붙들어 올 것 없다. 얼굴에 냉수라도 끼얹어 주어 다시 일어나게 하고 더 이상 말하지 말라."

그러고는 행색이 초라한 두 사람의 심부름꾼을 보내면서 이렇게 일렀다.

"너희는 그 가난한 사람에게 말하기를, '품삯을 다른 데보다 배를 주는 곳이 있다'고 하고, 그가 일하겠다고 하거든 거름 치우는 일을 너희와 함께 하도록 하라."

그리하여 가난한 아들은 그들을 따라가 거름 치우는 일을 하게 되었다.

어느 날 아버지가 일하는 아들을 바라보니, 그 몸은 야위어 초췌하였고, 흙과 먼지가 온몸에 가득하여 더럽기가 짝이 없었다. 아버지의 마음이 아파, 허름하고 때 묻은 옷으로 바꾸어 입고는 아들에게 가서 점차 가까이 지냈다.

그러고는 아들에게 말하였다.

"다른 데 가지 말고 항상 여기에서 일하여라. 그러면 너의 품삯을 많이 올려 줄 것이다. 또 필요한 물건이 있거든 무엇이든지 말하여라. 나는 너의 아버지와 같지 않느냐? 그러므로 걱정하지 말고 편히 있거라. 이제부터 너를 나의 친자식같이 생각하겠다."

가난한 아들은 이런 귀여움을 받는 것이 기뻤으나, 스스로 머슴살이하는 천한 사람이라 생각하였으므로 항상 거름만 치웠다.

얼마 후 아버지는 병이 생겨 죽을 때가 멀지 않은 것을 알고, 아들에게 말하였다.

"나의 창고에는 보배가 가득한데, 그것을 네가 맡아서 잘 관리하여라."

아들은 명령을 받고 여러 재산과 창고를 맡아 일했다. 그러나 욕심내지 않았고, 거처하는 곳도 예전 그대로였다. 시간이 흐르니, 아들의 마음도 점점 열리고 커졌다.

아버지는 임종할 때가 다가오자, 여러 사람들을 모이게 한 뒤 말하였다.

"이 사람은 나의 아들이오. 내 아들은 집을 나가 50여 년 동안 외롭게 떠돌아다니며 고생을 했소. 오래 전부터 아들을 찾았는데, 문득 여기에서 만났소. 지금 내가 가진 모든 재산은 아들의 것이며, 모든 일도 아들이 알아서 처리할 것이오."

가난한 아들은 아버지의 말을 듣고는 크게 기뻐하였다.

부처님도 이와 같이 중생들의 근기가 성숙하지 못함을 아시고 방편을 쓰셔서 큰 지혜를 가르치셨다. ✣

법화경의 일곱 가지 비유

3. 구름과 비雨의 비유
—법화경 | 제3권

온 세상에 산, 냇물, 골짜기, 여러 나무, 약초 등이 많지만 각각 그 이름과 모양이 다르다. 먹구름이 가득히 퍼져 온 세상을 두루 덮고 일시에 큰비가 고루 내리면, 크고 작은 나무들과 풀들이 제각기 비를 맞는다. 한 구름에서 내리는 비를 맞되, 그들의 종류와 성질에 따라서 자라고 크며 꽃을 피우고 열매를 맺는다. 여러 나무와 풀이 저마다 다르다.

부처님께서 세상에 출현하심은 큰 구름이 일어나는 것과 같고, 큰 음성으로 온 세계의 하늘과 사람과 아수라에게 두루 들리는 것은, 저 큰 구름이 온 세상을 두루 덮는 것과 같다. ✢

법화경의 일곱 가지 비유

4. 변화로 만든 성化城의 비유 　　　　　　　—법화경 | 제3권

어떤 무리가 멀고 험난한 길을 지나 귀한 보물이 있는 곳으로 가려 하였다. 그 무리 가운데 한 도사가 있었는데, 지혜롭고 총명하여 무리를 인도하여 험난하고 사나운 길을 통과하려고 하였다. 그런데 무리들 중에 몇몇 사람이 피곤하고 힘들어지자 도사에게 말하였다.

"우리들은 매우 지쳐 있고 두려워서 나아갈 수 없습니다. 갈 길이 너무 멀므로 되돌아가겠습니다."

그러자 도사는 성城을 도술로써 변화시켜 만들고 여러 사람들에게 말하였다.

"그대들은 두려워 말고 되돌아가지도 말라. 이 성에 들어가면 몸과 마음이 즐겁고 편안하며, 또한 보물 있는 곳에서 멀지 않다."

극도로 피로해진 사람들은 매우 기뻐하고, 이제 험난한 길을 면하여 즐겁고 편안함을 얻은 것이라고 생각하였다. 모든 사람들이 변화로 된 성에 들어가 피로함을 풀고 휴식을 취한 것을 알게 된 도사는 곧 도술로 만든 성을 없애고, 다시 사람들에게 말하였다.

"그대들은 따라오라. 보물 있는 곳이 가깝다. 앞에 있던 큰 성은 그대들을 휴식하게 하려고 내가 도술로 만들었다."

부처님도 이와 같이 큰 도사가 되어서 악도惡道의 험난하고 먼 것을 여의게 하시며 사람들을 제도하신다. ✢

법화경의 일곱 가지 비유

5. 보배 구슬의 비유

—법화경 | 제4권

어떤 가난한 사람이 친구의 집을 찾아갔다가 술이 잔뜩 취해 잠들었다. 그 친구는 볼일이 있어 집을 나가면서 보배 구슬을 그 사람의 옷 속에 넣어두고 갔다. 그러나 술이 취한 그는 그것을 알지 못하고 잠에서 깨어난 뒤 멀리 다른 나라로 갔다.

그 후 한참 지난 뒤에 친구가 그를 만나 말하였다.

"너는 아직도 가난하게 사는구나. 예전에 네가 나를 찾아왔을 때, 값비싼 보배 구슬을 너의 옷 속에 넣어 주었는데, 너는 아직도 모르고 옷과 먹을 것을 구하기 위해 고생하며 살고 있구나. 이 보물 구슬로 네가 필요한 것은 무엇이든지 살 수 있다."

부처님도 이와 같이 보살로 계실 때에, 중생들을 교화하시어 일체지一切智의 마음을 내도록 하셨지만, 중생들은 그것을 잊어버리고 알지도 못한다.

일체지一切智 모든 것을 아는 지혜. 완전한 지혜.

법화경의 일곱 가지 비유

6. 머릿속 구슬明珠의 비유 —법화경 | 제5권

전륜성왕이 여러 나라를 항복시키려 할 때, 작은 나라의 왕들이 그 명령을 거역하면 많은 군사를 일으켜 토벌하였다. 그러나 전쟁 중에 공이 있는 이를 보면, 그 공에 따라 논밭, 집, 의복, 보물 등을 주었다. 그러나 머릿속에 있는 밝은 구슬만은 주지 않았다. 왜냐하면 세상에서 왕의 이마에 있는 단 하나의 구슬이고, 그들에게 주면 크게 놀라기 때문이었다.

부처님께서도 이와 같다. 부처님께서 선정과 지혜의 힘으로 법의 국토를 얻되, 거역하는 자가 있으면 부처님의 장군인 성인들로 하여금 싸우게 하고, 공이 있는 이를 보면 여러 경을 설해서 그들의 마음을 기쁘게 해주고, 선정과 해탈과 번뇌 없음을 주어 모두 기쁘게 하지만 아직 이 법화경은 설하시지 않았다.

전륜성왕이 공이 있는 이들을 보고 매우 기뻐하지만 이 구슬을 머릿속에 감추었다가 나중에야 주는 것처럼, 부처님께서도 이와 같다. 부처님께서 일체 중생을 교화하실 때, 성인들이 삼독^{三毒}을 멸하고 마군들을 물리치는 것을 보고 매우 기뻐하지만, 그동안 세간에서 믿지 않아 설하지 못했던 법화경을 이제야 설하시는 것이다. ✧

법화경의 일곱 가지 비유
7. 의사의 비유 　　　　　　　　　　—법화경 | 제5권

　어떤 의사가 훌륭한 처방으로 여러 가지 병을 잘 치료했다. 그 의사에게는 많은 자식들이 있었는데, 그 의사가 잠깐 다른 나라에 간 동안, 자식들이 독약을 마시고 모두 쓰러졌다. 의사가 집에 돌아와서 깜짝 놀라 여러 가지 약초를 아이들에게 먹이면서 말하였다.
　"이것은 좋은 약이다. 빛과 향과 맛을 잘 맞추었으니 너희들이 먹으면 빨리 나을 것이다."
　그 가운데 정신이 있는 아이는 곧 그 약을 먹고 나았지만, 독이 깊이 들어가 정신이 혼미한 아이는 약을 믿지 못하고 먹지 않았다.
　그것을 보고 의사는 말하였다.
　"내가 늙고 쇠약하여 죽게 되었으니, 이 약을 여기에 남겨 두겠다. 이것을 먹을 때 차도가 없을까 걱정하지 말라."

이렇게 타일러 놓고 다시 다른 나라에 간 뒤 사람을 보내 아버지가 죽었다고 전하게 하였다. 아이들은 아버지가 세상을 떠났다는 소식을 듣고 슬픔에 잠겨 지냈다. 그러다가 마침내 정신이 들어 약을 먹으니 병이 다 낫게 되었다. 그 소식을 들은 아버지는 다시 아이들에게 찾아왔다.

 부처님도 이와 같이 중생을 위하여 방편의 힘으로 법을 설하신다. ✽

금강경의 대표적 사구게 四句偈

— 금강경

1. 무릇 온갖 상*은 모두 허망하니 만약 모든 상이 상 아님을 보면 곧 여래를 보리라.

   凡所有相 皆是虛妄 若見諸相非相 卽見如來

2. 마땅히 색에 머물러서 마음을 내지 말며 마땅히 성향미촉법에 머물러서 마음을 내지 말며, 머무는 바 없이 그 마음을 내라.

   不應住色生心 不應住聲香味觸法生心 應無所住 以生其心

3. 만약 형상으로 나를 보려거나 음성으로 나를 찾으려 하면 이 사람은 삿된 도를 행함이어서 여래를 보지 못하리라.

   若以色見我 以音聲求我 是人行邪道 不能見如來

4. 일체 유위법은 꿈과 같고, 허깨비와 같고, 물거품과 같고, 그림자와 같고, 이슬과 같고, 번개와 같으니 마땅히 이와 같이 관하여라.

   一切有爲法 如夢幻泡影 如露亦如電 應作如是觀

사구게만이라도 지닌다면

―금강경

부처님께서 수보리에게 말씀하셨다.

"수보리야, 어떤 선남자와 선여인이 갠지스강의 수많은 모래같이 많은 삼천대천세계에 칠보七寶를 가득히 채워서 보시한다면 그 복덕이 많겠느냐?"

수보리가 대답하였다.

"매우 많겠습니다. 세존이시여."

부처님께서 수보리에게 말씀하셨다.

"만일 어떤 선남자와 선여인이 이 경의 사구게四句偈만이라도 받아 지니고 다른 사람에게 설명해 주면, 그 복덕은 앞에서 칠보로 보시한 복덕보다 더 뛰어나다."

승만부인의 열 가지 서원

—승만경

부처님으로부터 미래에 성불하리라는 수기授記를 받은 승만 부인은 열 가지 서원을 세웠다.

"저는 오늘부터 보리菩提를 이룰 때까지 받은 계율에 대하여 범할 생각을 내지 않겠습니다.

저는 오늘부터 보리를 이룰 때까지 여러 어른들에 대하여 거만한 마음을 내지 않겠습니다.

저는 오늘부터 보리를 이룰 때까지 여러 중생들에 대하여 성내는 마음을 일으키지 않겠습니다.

저는 오늘부터 보리를 이룰 때까지 다른 이의 잘생긴 모습이나 아름다운 것에 대하여 시기하는 마음을 일으키지 않겠습니다.

저는 오늘부터 보리를 이룰 때까지 내외법內外法에 대하여 아끼는 마음을 내지 않겠습니다.

저는 오늘부터 보리를 이룰 때까지 제 몸을 위해서는 재물을 모으지 않겠고, 받은 것이 있으면 모두 가난한 중생들을 구제하겠습니다.

수기授記 부처님이 제자에게 미래에는 부처가 될 수 있다고 예언하는 것.
보리菩提 궁극적인 깨달음.

저는 오늘부터 보리를 이룰 때까지 제 몸을 위해서는 사섭법四攝法을 행하지 않겠고, 온갖 중생들을 위해서 애착하지 않는 마음과 만족함이 없는 마음과 거리낌이 없는 마음으로 중생을 돌보겠습니다.

저는 오늘부터 보리를 이룰 때까지 의지할 데 없거나, 구금을 당하였거나, 병이 났거나, 갖가지 어려움을 당한 중생들을 보면 그냥 지나치지 않고, 그들을 편안하게 해 주고 그 고통에서 벗어나게 한 뒤에야 떠나겠습니다.

저는 오늘부터 보리를 이룰 때까지 여러 가지 나쁜 짓과 모든 계율을 범하는 것을 보면 내버려 두지 않고, 제가 힘을 얻는 때에 이런 중생들을 보면 조복하거나 거두겠습니다.

저는 오늘부터 보리를 이룰 때까지 올바른 법을 거두어 지니어 잊어버리지 않겠습니다."

내외법內外法 내법은 불법을 말하고, 외법은 불교 이외의 다른 법을 말한다.
사섭법四攝法 보살이 고통 받는 중생을 구하는 네 가지 방법. 1. 베푸는 것布施攝, 2. 부드럽고 온화한 말을 하는 것愛語攝, 3. 중생을 이익하게 하는 것利行攝, 4. 나와 남을 구별하지 않고 고락을 같이 하는 것同事攝.

유마힐거사의 병

—유마경 | 중권

부처님께서 문수사리 보살에게 말씀하셨다.

"그대는 유마힐거사를 찾아가 문병하도록 하라."

문수사리 보살은 유마힐 거사의 집에 찾아가 말하였다.

"이 병은 견딜 만하십니까? 치료가 되어 차도가 있으십니까? 부처님께서는 매우 걱정하시며 저를 보내셨습니다. 이 병은 무엇 때문에 생겼으며, 또 얼마나 오래되었고, 어떻게 하면 나을 수 있습니까?"

유마힐거사가 말하였다.

"어리석음과 탐심으로부터 나의 병은 생겼습니다. 일체 중생이 병들어 있으므로 나도 병들었습니다. 만약 일체 중생의 병이 사라진다면 나의 병도 사라질 것입니다. 왜냐하면 보살은 중생을 위해 생사^{生死}에 들어섰으니, 생사가 있는 곳에 병이 있기 때문입니다. 만약 중생이 병에서 떠난다면 보살도 병이 없을 것입니다.

비유하면 어떤 사람에게 외아들이 있었는데, 그 아들이 병에 걸리면 그 부모도 병을 앓고, 아들의 병이 나으면 부모도 낫는 것과 같습니다. 보살도 이와 같아서 모든 중생을 사랑하기를 내 자식 대하듯 합니다. 중생이 병을 앓으면, 이 병은 대자비 때문에 생긴 것입니다."

보현보살의 열 가지 큰 원력

—화엄경 40권본 | 제40권

보현보살은 부처님의 거룩한 공덕을 찬탄하고 나서, 여러 보살과 선재동자에게 말하였다.

"부처님의 공덕은 수많은 겁 동안 계속하여 말할지라도 끝내 다하지 못할 것이니, 만일 그와 같은 공덕을 성취하려면 열 가지 큰 행원行願을 닦아야 한다.

첫 번째는 모든 부처님께 예배하고 공경함이고,

두 번째는 부처님을 우러러 찬탄함이며,

세 번째는 널리 공양함이고,

네 번째는 스스로의 업장을 참회함이며,

다섯 번째는 남의 공덕을 따라 기뻐함이고,

여섯 번째는 설법하여 주기를 청함이며,

일곱 번째는 부처님께서 세상에 오래 머무시기를 청함이고,

여덟 번째는 항상 부처님을 따라 배움이며,

아홉 번째는 항상 중생을 따름이고,

열 번째는 모두 회향함이다."